JULIE LOWE

Prepare seus filhos contra os perigos do mundo

"Julie faz um excelente trabalho ao lançar luz sobre as questões de segurança que nossos filhos enfrentam hoje. Sua visão sobre segurança infantil começa com uma cosmovisão cristã, é cheia de sabedoria bíblica e incentiva os pais a confiar seus filhos a Deus. Este é um ótimo recurso para os pais que buscam preparar seus filhos para seguir a Cristo em um mundo caído".

Jeff Dalrymple, diretor executivo, Evangelical Council for Abuse Prevention (ECAP)

"*Prepare seus filhos contra os perigos do mundo*, de Julie Lowe, é uma leitura obrigatória para os pais. Cheio de sabedoria prática e fundamentado em princípios bíblicos, este livro treina os pais a identificar perigos potenciais e a proativamente preparar seus filhos. Esperamos retomar esses princípios repetidas vezes em nossa própria casa. Recomendo fortemente".

Deepak e Sara Reju, Capitol Hill Baptist Church, Washington, DC; autores de *Ministério infantil* (Deepak) e *Jesus Saves* (Sara)

"Quando surge uma questão de criação de filhos com a qual meu marido e eu temos dificuldade, ele diz: 'Você pode perguntar a Julie?'. Sendo colega de Julie, eu vou e pergunto a ela! Com este livro, agora todos os pais têm acesso a Julie — acesso à sua sabedoria, suas décadas de experiência e seu coração profundamente dedicado ao bem-estar das crianças. Pais, este livro irá prepará-los para serem proativos e eficientemente responsivos a muitos dos desafios que surgem na criação de filhos. Eu preciso deste livro, e sei que você também perceberá que precisa dele enquanto se aprofunda na leitura!"

Lauren Whitman, acadêmica e conselheira, CCEF; editora de desenvolvimento, *Journal of Biblical Counseling*

"Este é um livro muito importante e oportuno. Embora voltado para os pais, este livro também é importante para conselheiros, pastores, professores e líderes de jovens. Julie não tem medo de tratar de tópicos que muitos hesitam em abordar, como abuso sexual, pornografia, *sexting* e saúde mental, e o faz com uma forte base bíblica. Ela não apenas incentiva o envolvimento dos pais, como também dá passos práticos para o envolvimento sem ser simplista ou estereotipada".

David e Krista Dunham, conselheiros bíblicos, Cornerstone Community Soul Care, Detroit; autores de *Table for Two: Biblical Counsel for Eating Disorders*

"Crianças e adolescentes enfrentam muitas situações em que precisam de discernimento para fazer escolhas sábias e permanecer seguros. A vasta experiência de Julie Lowe brilha em *Prepare seus filhos contra os perigos do mundo*. Ela fornece princípios bíblicos e diretrizes práticas que ajudam você a transmitir sabedoria inestimável aos seus filhos. Todos os pais que enfrentam os desafios do nosso mundo moderno precisam deste livro!"

Darby Strickland, acadêmica e conselheira, CCEF; autora de *Desmascarando o abuso*

"*Prepare seus filhos contra os perigos do mundo* não poderia ser mais prático. Cada página está repleta de sabedoria aplicada para manter as crianças seguras. Eu constantemente me pegava dizendo: 'Nossa família precisa fazer isso!' Fundamentado em um chamado para confiar no Senhor em vez de fomentar o medo, *Prepare seus filhos contra os perigos do mundo* capacita crianças e pais a discernir o mal e o perigo e a preparar respostas sábias e protetoras".

Alasdair Groves, diretor executivo, CCEF

"Neste mais recente livro de Julie Lowe, os leitores mais uma vez se beneficiarão de sua sólida teologia bíblica, de seu coração de conselheira e de anos de experiência caminhando ao lado de pais e filhos em um mundo corrompido e inseguro. Este livro não é para produzir medo e ansiedade nos pais (já temos o suficiente), mas para fornecer orientação sábia, cativante e prática, a fim de ajudar seu filho, através da esperança de Jesus Cristo, a lidar com este mundo corrompido".

Jonathan D. Holmes, diretor executivo, Fieldstone Counseling

"Ler este livro é como ganhar um mentor sábio que caminha ao seu lado em sua jornada parental. Julie Lowe aborda habilmente os principais desafios que os pais enfrentam e fornece roteiros, cenários, princípios e diretrizes repletos de sabedoria bíblica. Se você está buscando preparar seus filhos para os potenciais perigos e dificuldades que eles podem enfrentar na vida, considere este livro seu manual".

Eliza Huie, conselheira bíblica licenciada; diretora de aconselhamento, McLean Bible Church, Vienna, Virginia; coautora de *The Whole Life*

"A resposta mais comum dos pais que lerem *Prepare seus filhos contra os perigos do mundo* será: 'Finalmente! Um livro para pais que não discute apenas estratégias de disciplina.' Julie fornece princípios bíblicos e exemplos de conversas sobre tudo, incluindo tecnologia, namoro, saúde mental, prevenção de abusos e dormir fora. Adquira-o, leia-o, e você o consultará diversas vezes ao longo dos anos à medida que esses tópicos surgirem em sua casa".

Brad Hambrick, pastor de aconselhamento, The Summit Church, Durham, Carolina do Norte; autor de *Making Sense of Forgiveness*

Dados Internacionais de Catalogação na Publicação (CIP)
(Câmara Brasileira do Livro, SP, Brasil)

Lowe, Julie
  Prepare seus filhos contra os perigos do mundo / Julie Lowe ; tradução João Paulo Aragão. -- 1. ed. -- São José dos Campos, SP : Editora Fiel, 2024.

  Título original: Safeguards.
  ISBN 978-65-5723-343-6

  1. Acidentes - Prevenção 2. Educação infantil - Aspectos religiosos - Cristianismo 3. Parentalidade - Aspectos religiosos - Cristianismo I. Título.

24-205286   CDD-248.83

Elaborado po Aline Graziele Benitez - CRB-1/3129

Prepare seus filhos contra os perigos do mundo

Traduzido do original em inglês
Safeguards: Shielding our homes and equipping our kids

Copyright © 2022 por Julie Lowe
Todos os direitos reservados.

•

Originalmente publicado em inglês por New Growth Press,
Greensboro, NC 27401.

Copyright © 2023 Editora Fiel
Primeira edição em português: 2024

Todos os direitos em língua portuguesa reservados por Editora Fiel da Missão Evangélica Literária.

PROIBIDA A REPRODUÇÃO DESTE LIVRO POR QUAISQUER MEIOS, SEM A PERMISSÃO ESCRITA DOS EDITORES, SALVO EM BREVES CITAÇÕES, COM INDICAÇÃO DA FONTE.

Os textos das referências bíblicas foram extraídos da versão Almeida Revista e Atualizada, 2ª ed. (Sociedade Bíblica do Brasil), salvo indicação específica.

•

Diretor: Tiago J. Santos Filho
Editor-chefe: Vinicius Musselman Pimentel
Editora: Renata do Espírito Santo T. Cavalcanti
Coordenação Gráfica: Gisele Lemes; Michelle Almeida
Tradução: João Paulo Aragão da Guia Oliveira
Revisão: Gabriel Lago
Diagramação: Caio Duarte
Capa: Caio Duarte

ISBN impresso: 978-65-5723-343-6
ISBN eBook: 978-65-5723-342-9

FIEL Editora

Caixa Postal, 1601
CEP 12230-971
São José dos Campos-SP
PABX.: (12) 3919-9999
www.editorafiel.com.br

SUMÁRIO

Prefácio... 11
Introdução: A necessidade de preparar nossos filhos............................ 15

Parte 1: Sabedoria: o fundamento para preparar nossos filhos com habilidades de segurança

   1. Perigos específicos de nosso mundo moderno........................ 25
   2. Preocupação e negação *não* são habilidades de segurança..... 37
   3. Criando filhos preparados, não amedrontados........................ 45

Parte 2: Preparando nossos filhos com habilidades de segurança

   4. Ajudando os pais a reconhecer e
   proteger as crianças contra o abuso sexual................................. 59
   5. Ensinando as crianças a avaliar comportamentos................... 71
   6. A prática leva à permanência:
      usando a encenação para disciplinar crianças........................ 87
   7. Tópicos principais para discutir com as crianças..................... 99
   8. A tecnologia e o seu filho.. 115
   9. Quando as crianças praticam ou sofrem *bullying*................. 125
  10. Preparando as crianças para o caso de se perderem............. 133
  11. Questões de sabedoria: dormir fora...................................... 141
  12. Questões de sabedoria: Diretrizes para babás....................... 149
  13. Questões de sabedoria: Palavras de
       segurança e planos de segurança familiar............................ 157
  14. Como responder quando a violência toca a vida de seu filho........... 163

Parte 3: Preparando adolescentes e jovens com habilidades de segurança
   15. Adolescentes precisam de relacionamentos
       genuínos com Deus e seus pais 171
   16. Comparação, pressão dos colegas e tratar outros com respeito 177
   17. Sexo e namoro 185
   18. Segurança nas redes sociais e na tecnologia 197
   19. Pornografia e *sexting* *203*
   20. Abuso de álcool, drogas e cigarro/*vape* *213*
   21. Lidando com questões de saúde mental 219
   22. Habilidades de segurança para maior independência 227
   23. Questões de segurança para jovens adultos:
       namoro online, consentimento e vida na faculdade 241
   24. Deus — Nosso refúgio, fortaleza e
       socorro bem presente na tribulação 249

PREFÁCIO

Não foi o meu melhor momento, nem o mais brilhante. Luella, minha querida esposa, era a encarregada da segurança da família. Uma noite, enquanto terminávamos o jantar, ela disse: "Gostaria de falar sobre o que faríamos se nossa casa pegasse fogo. Paul, você começa." Sem pestanejar, respondi: "Eu pegaria meu violão e o tiraria da casa!" Luella olhou para mim bastante chocada e disse: "E nós?" Eu fiquei ali, mortificado com a revelação do meu materialismo egoísta, enquanto meus filhos riam e diziam: "Isso mesmo, papai, tem que salvar o violão."

Luella estava certa: habilidades de segurança são essenciais deste lado da eternidade e, como demonstrei, nem sempre estamos preparados para fazer escolhas sábias. E este é o fardo que todo pai e mãe carrega: você foi encarregado por Deus de ser a principal ferramenta dele para a formação das almas que ele colocou sob seus cuidados. Essas almas têm um corpo físico que também deve ser nutrido e protegido.

A melhor palavra para o papel de um pai ou uma mãe é *embaixador*. Um embaixador representa aquele que o enviou. Criar filhos não tem a ver primeiramente com o que queremos deles ou para eles, mas com o que Deus tem para eles e exige deles. Em tudo que você faz, em todos os pequenos momentos como responsável, está representando aquele que enviou você.

Deus faz com que sua autoridade invisível se torne visível ao enviar pais para supervisionar seus filhos. Deus faz com que sua sabedoria invisível seja visível na vida dos filhos ao enviar os pais para transmitir sua sabedoria a eles. Deus faz com que sua proteção invisível seja visível ao enviar pais para filhos que precisam ser guardados e protegidos. Nenhuma conquista, nenhuma busca por sucesso, nenhuma ocupação na vida, nenhuma esperança ou sonho, nenhum desejo do coração deve ser um obstáculo ao nosso chamado diário para sermos embaixadores de Deus na vida daqueles que ele colocou sob nossos cuidados.

Ser um embaixador significa que há algumas crenças estabelecidas que devem motivá-lo diariamente. Essas crenças são confiáveis porque estão enraizadas nas verdades da Palavra de Deus e são vitais porque fornecem direções práticas para seguir. Em primeiro lugar, os pais devem estar profundamente convictos de que *Deus é sábio e bom*. Deus é a definição final e gloriosa de tudo o que é sábio e bom. Isso significa que é impossível ele nos direcionar a fazer qualquer coisa que seja ruim para nós. E, por ser glorioso em graça, ele dispensa sua sabedoria, bondade, soberania e poder para o bem final de seus filhos.

Em segundo lugar, é vital não menosprezar o fato de que você cria seus filhos em *um mundo profundamente corrompido,* que não funciona conforme o plano original de Deus. Para a glória dele e para nosso bem, Deus escolheu este mundo sofrido e disfuncional para ser nosso endereço atual. É bíblico dizer que este mundo não é seguro, mas também devemos dizer que estamos sendo guardados e protegidos por nosso Pai celestial para um mundo que um dia estará livre do mal, do perigo, do pecado e do sofrimento para todo o sempre. Ser embaixador de Deus na vida de seus filhos significa nunca minimizar os perigos da vida neste mundo corrompido pelo pecado.

Em terceiro lugar, é importante que os pais entendam: uma vez que os caminhos de Deus são sempre corretos e há mal por toda parte neste mundo caído, *a sabedoria do discernimento é um compromisso e uma habilidade vitais.* O discernimento é a capacidade de aplicar a sabedoria de Deus às escolhas específicas que você enfrenta neste mundo caído. É a habilidade de distinguir entre o certo e o errado, a segurança e o perigo, o bem e o mal. As crianças não conseguem discernir naturalmente; na verdade, a Bíblia nos diz que elas nascem com a tolice no coração. Portanto, é essencial um compromisso prático de ensinar discernimento conceitual e funcional aos nossos filhos.

Por causa de tudo que escrevi até agora é que amo *Prepare seus filhos contra os perigos do mundo*. Não conheço nenhum outro livro que faça o que este aqui faz. Aqui há uma ajuda prática para todos os pais que estão preparando seus filhos para viver com discernimento em nosso mundo tristemente corrompido. Leia e absorva sua sabedoria — você adquirirá aqui muita percepção e diversas habilidades práticas para transmitir aos seus filhos. Mas talvez o que eu mais ame neste livro é que seu foco prático não está separado da beleza e do conforto do Evangelho de Jesus Cristo. Julie nos lembra repetidamente da presença, da bondade e da graça de Deus. Ela nos conforta com a verdade de que ele se importa com nossos filhos mais do que nós mesmos. E ela nos assegura que não há sabedoria tão sábia quanto a sabedoria do Senhor. O que você está prestes a ler mudará sua vida como pai ou mãe e ajudará você a preparar seus filhos para viverem com discernimento, agora e também quando eles não estiverem mais sob seus cuidados.

Paul David Tripp

INTRODUÇÃO: A NECESSIDADE DE PREPARAR NOSSOS FILHOS

Por mais de 20 anos, tenho trabalhado com inúmeras igrejas, ministérios e famílias quando as crianças sob seus cuidados sofrem abusos e maus-tratos. Estive com muitos pais que fizeram perguntas de partir o coração. Eles se perguntavam como seu filho pôde ter se envolvido em *bullying* online, *sexting*, pornografia ou ter sido aliciado por um pedófilo.

Pais e cuidadores cujos filhos foram vitimados ou feridos de alguma forma têm dificuldade para entender como males tão graves ocorreram. Eles poderiam ter feito algo para evitar isso? Ignoraram os sinais de alerta? Eles são responsáveis pelas dificuldades de seus filhos? É angustiante avaliar em retrospectiva.

A essas perguntas, logo se seguem: o que podemos fazer agora? Como podemos ajudar nosso filho agora? Como podemos evitar isso no futuro? As estatísticas alarmantes relacionadas a abuso sexual infantil, predadores online e *bullying* severo por colegas, entre outros, levam os pais a se perguntarem: como proteger crianças e jovens para que tais coisas não aconteçam? Como proativamente implementamos proteções para defender nossos filhos dos perigos deste mundo?

Eu não escrevi este livro para assustar você. Como conselheira, acompanho muitas famílias em alguns dos piores casos, e espero que você nunca tenha de enfrentá-los. Ao mesmo tempo, Deus convoca os pais a proteger e preparar seus filhos, que nascem fracos e vulneráveis. Escrevi este livro para ajudar você nessa tarefa, aplicando princípios bíblicos que resultam em bom senso e estratégias práticas que ajudarão a proteger seus filhos, para que eles possam prosperar.

PRINCÍPIOS FUNDAMENTAIS PARA COMPREENDER ESTE LIVRO

Há uma base tríplice para tudo o que está escrito neste livro. Primeiro, vivemos em um mundo corrompido, caído. Há perigos e males, doenças e enfermidades, corrupção, engano e tentação. Não podemos viver neste mundo sem ver os efeitos disso em nossa vida e na vida de nossos filhos.

Considere estas passagens das Escrituras:

> Sabemos que somos de Deus e que o mundo inteiro jaz no Maligno. (1Jo 5.19)

> Mas os homens perversos e impostores irão de mal a pior, enganando e sendo enganados. (2Tm 3.13)

> O homem de Belial, o homem vil, é o que anda com a perversidade na boca, acena com os olhos, arranha com os pés e faz sinais com os dedos. No seu coração há perversidade; todo o tempo maquina o mal; anda semeando contendas. (Pv 6.12-14)

> O julgamento é este: que a luz veio ao mundo, e os homens amaram mais as trevas do que a luz; porque as suas obras eram más. (Jo 3.19)

> Portanto, assim como por um só homem entrou o pecado no mundo, e pelo pecado, a morte, assim também a morte passou a todos os homens, porque todos pecaram. (Rm 5.12)

Pessoas perigosas rondam os fracos e ingênuos. O mal é astuto; ele engana e seduz. Promete prazer, mas entrega destruição. O mal é feito contra nós, mas também nos seduz por dentro. Aceitar essa realidade significa que devemos criar filhos que possam lidar com potenciais perigos e responder a esses.

As Escrituras estão cheias de sabedoria sobre como responder a isso. Mateus 10.16 nos diz: "Eis que eu vos envio como ovelhas para o meio de lobos; sede, portanto, prudentes como as serpentes e símplices como as pombas". Provérbios 27.12 aconselha: "O prudente vê o mal e esconde-se; mas os simples passam adiante e sofrem a pena". Provérbios ainda reitera: "O sábio é cauteloso e desvia-se do mal, mas o insensato encoleriza-se e dá-se por seguro" (Pv 14.16).

A Bíblia nos ensina que o sábio vê o potencial de perigo e toma medidas para se proteger. Os sábios têm cautela e discernimento; desviam-se do mal. Aqueles que não agem com tal sabedoria são chamados de ingênuos, simples e tolos, e sofrem por isso. Claramente, não há nenhum benefício em estar alheio ao perigo que existe em nosso mundo. Muitas vezes, os pais não estão dispostos a enfrentar a realidade dos riscos que existem no mundo ao nosso redor e, assim, escondem essa realidade de seus filhos. Porém, se apenas protegermos nossos filhos e não os prepararmos para agir com sabedoria, inadvertidamente criaremos filhos ingênuos e simples, que não sabem como perceber o mal e lidar com ele com sabedoria.

Em segundo lugar, ensinamos nossos filhos a lidarem com este mundo dando-lhes a capacidade de discernir entre o bem e o mal, o certo e o errado. Nossa cultura pressiona nossos filhos, doutrinando-os com visões falsas sobre romance e amor, moralidade e verdade, sexualidade e identidade. Nosso mundo chama de intolerante aquilo que é bom e santo, e chama de bom aquilo que Deus chama de perverso. Isaías 5.20 diz: "Ai dos que ao mal chamam bem e ao bem, mal; que fazem da escuridade luz e da luz, escuridade; põem o amargo por doce e o doce, por amargo!".

Manter nossos filhos seguros significa ensinar-lhes os caminhos de Deus — o fato de que ele nos criou para viver seguindo-o. A segurança é construída sobre o fundamento do discernimento entre o certo e o errado. Nossos filhos não podem lidar com este mundo de forma segura sem a capacidade de distinguir entre o bem e o mal. Como pai ou mãe, meu objetivo final para meus filhos não é mantê-los seguros (embora esse seja *um* objetivo); antes, é que meus filhos conheçam o caminho de Deus e andem na verdade. Andar pela fé e distinguir o bem do mal será um escudo para eles, e acredito que as habilidades de segurança serão o fruto de ensinar os caminhos do Senhor aos nossos filhos.

Ensinar aos nossos filhos o bem e o mal produzirá neles sabedoria e discernimento. Como espero que você veja ao longo deste livro, sabedoria e discernimento são a substância do que desejo que você aprenda neste recurso (e seus filhos também). Considere este versículo: "Mas o alimento sólido é para os adultos, para aqueles que, pela prática, têm as suas faculdades exercitadas para discernir não somente o bem, mas também o mal" (Hb 5.14). Observe que os adultos têm suas *faculdades exercitadas* pela prática, *para discernir não somente o bem, mas também o mal.*

Discutir os perigos que nossos filhos podem encontrar nos ajuda a entender como podemos começar o processo de preparar a nós mesmos e a eles para estabelecer medidas protetivas adequadas. Este livro é sobre chamar a escuridão existente neste mundo pelo nome e preparar nossos filhos para saberem como evitá-la e como responder a ela, se ela os encontrar. Ao fazer isso, também protegemos nossos jovens das tentações ao seu redor e das armadilhas de escolhas destrutivas.

Ao longo do livro, enfatizo a interpretação de papéis e a discussão para praticar o discernimento, avaliando o certo e o errado. Às vezes, quando falo sobre habilidades de segurança, os objetivos de discernimento e sabedoria estarão explícitos, e outras vezes, implícitos; mas sempre serão a substância do que espero alcançar.

INTRODUÇÃO: A NECESSIDADE DE PREPARAR NOSSOS FILHOS

Filipenses 1.9-10 afirma este objetivo: "E também faço esta oração: que o vosso amor aumente mais e mais em pleno conhecimento e toda a percepção, para aprovardes as coisas excelentes e serdes sinceros e inculpáveis para o Dia de Cristo". Devemos nos comprometer a treinar, discipular, educar e preparar nossos filhos para que eles recebam a variedade de ferramentas de que precisam para navegar sabiamente neste mundo, caminhando em comunhão com o Senhor.

Distinguir entre o bem e o mal, o certo e o errado é fundamental; as habilidades de segurança são secundárias. Elas são fruto da maneira como cuidamos de nossos filhos. É importante enfatizar isso; pois, se criarmos filhos que de alguma forma foram protegidos dos piores perigos deste mundo, mas não andam com o Senhor, não sabem o que é certo e o que é errado ou não estão atentos aos perigos que vêm de dentro, teremos falhado miseravelmente com eles.

O terceiro fundamento para este livro é a compreensão de que nossa segurança, em última análise, está nas mãos de nosso Deus. O Salmo 37.39-40 nos lembra: "Vem do Senhor a salvação dos justos; ele é a sua fortaleza no dia da tribulação. O Senhor os ajuda e os livra; livra-os dos ímpios e os salva, porque nele buscam refúgio". Nossa esperança final está em um Deus soberano que é nossa torre forte, nosso socorro bem presente nas tribulações (Sl 46.1; Pv 18.10). Considere as passagens a seguir:

> Se ando em meio à tribulação, tu me refazes a vida; estendes a mão contra a ira dos meus inimigos; a tua destra me salva. (Sl 138.7)
>
> Todavia, o Senhor é fiel; ele vos confirmará e guardará do Maligno. (2Ts 3.3)
>
> Quem teme ao homem arma ciladas, mas o que confia no Senhor está seguro. (Pv 29.25)

O Salmo 23 é um lembrete profundo de que andaremos por vales escuros, enfrentaremos inimigos, ficaremos cara a cara com o mal, e o Senhor será nosso pastor, guiando-nos e andando conosco nos lugares difíceis. Sua presença é nosso conforto, nossa esperança e nosso socorro bem presente.

Escrevi um livro inteiro sobre como ensinar nossos filhos a estarem seguros, mas, no fim das contas, Deus é quem cuida de nós. Em última análise, este é um livro sobre ensinar nossos filhos a viverem na luz e lidar com as trevas deste mundo enquanto nutrem um relacionamento de confiança com seu amoroso Pai celestial. À medida que explorarmos as Escrituras, entenderemos mais profundamente o chamado para sermos sábios, ver o perigo e fugir dele (Pv 27.12), ter coragem (2Cr 32.7-9; Pv 28.1) e defender os indefesos (Pv 31.8-9; Is 1.17). Não devemos ser passivos em nosso envolvimento com a injustiça, o perigo, os maus-tratos e o mal. Devemos responder a eles e, ao mesmo tempo, descansar em nosso Protetor supremo.

POR QUE "PROTEGER"?

O que quero dizer quando uso o termo "proteger"? Significa trabalhar com você para estabelecer um lar e uma cosmovisão que preservem seus filhos. Os pais são a primeira linha de defesa. Somos responsáveis por cuidar, proteger e discipular nossos filhos. Devemos discernir perigos imediatos e futuros, e ter um plano de como combatê-los. Somos os principais educadores de nossos filhos. Nosso trabalho é dar a eles o conhecimento e as habilidades para navegar pelo mundo ao seu redor. No entanto, quando se trata de predadores sexuais, perigos online, *bullying* e outros perigos comuns, os pais muitas vezes ficam em silêncio porque não sabem o que fazer ou por onde começar.

Nossos filhos serão confrontados com riscos e perigos, e ensiná-los e prepará-los é nossa tarefa. Eles também se verão (como nós) tentados por coisas que ameaçam arruiná-los. Uma cosmovisão bíblica entende que não devemos apenas nos proteger contra os perigos e ameaças ao nosso redor; devemos proteger nosso próprio coração da corrupção.

Para alguns de vocês, este livro será um recurso muito bem-vindo. Você já está ciente há muito tempo dos perigos que existem. Você está plenamente ciente da necessidade tanto de proteger como de preparar os jovens. Talvez você tenha experimentado alguns desses perigos em sua própria vida e deseje salvar seus filhos de um sofrimento semelhante. Talvez tenha visto em primeira mão, na vida de seu filho, parente ou amigo, como essas coisas prejudiciais podem acontecer. Você está ciente e na ativa. Agora pode fazer parte da prevenção, preparando-se e ajudando a preparar as pessoas ao seu redor.

Para alguns outros, isso pode parecer um choque em seu sistema. Talvez você pense: "Certamente não é tão ruim assim", ou "Ela está exagerando e semeando medo em nós". Garanto que não estou. Como mãe e conselheira, vi e ouvi mais histórias do que conseguiria contar. Histórias de crianças e adolescentes, de famílias como a minha e a sua, sendo expostos aos males deste mundo e vendo o rastro de destruição deixado. Aceitar isso nos ajuda a nos tornarmos mais sábios em nossa resposta.

Posso garantir que não desejo que você viva com medo ou ansiedade. A porta do perigo não se abriu de repente diante de você; ela sempre esteve aberta. Seus filhos são vulneráveis. A dificuldade é que muitos pais acreditam que a ignorância é uma bênção. Os pais me dizem: "Quanto menos eu souber, melhor. Acho que não quero saber o que meus filhos estão fazendo nas redes sociais". Realmente acreditamos que é melhor não estarmos cientes, enquanto nossos filhos abrem a porta e enfrentam ameaças com frequência? Devemos escolher viver com os olhos bem abertos.

Meu objetivo é preparar você e seus filhos. Este livro trata da segurança como fruto da distinção entre o bem e o mal, do desenvolvimento do discernimento e da sabedoria. O Senhor diz que ele a dá generosamente àqueles que pedem (Tg 1.5). Somos alertados a não sermos pegos desprevenidos pelas armadilhas e perigos deste mundo. Devemos ter sabedoria e discernimento. Devemos proteger nossos lares, preparar nossos filhos e confiar naquele que é nosso refúgio. Quando o fazemos, somos capazes de repousar a cabeça à noite, porque o Senhor é e será nossa segurança. Quando tivermos feito tudo o que pudermos para proteger nossos lares, então poderemos ser como Davi e, mesmo diante do perigo, dizer: "Em paz me deito e logo pego no sono, porque, Senhor, só tu me fazes repousar seguro" (Sl 4.8). Nosso Pai celestial é nossa verdadeira proteção e podemos confiar nele.

PARTE 1:
Sabedoria,

o fundamento para preparar nossos filhos com habilidades de segurança

Capítulo 1:
PERIGOS ESPECÍFICOS DE NOSSO MUNDO MODERNO

Não peço que os tires do mundo, e sim que os guardes do mal. (Jo 17.15)

Não é preciso nem uma hora assistindo ao noticiário local para percebermos os perigos que nossos filhos enfrentam todos os dias ao saírem para o mundo. Considere alguns destes riscos comuns para os jovens:

- Relatos crescentes de depressão, suicídio e ansiedade entre os jovens;[1]
- O uso de maconha e outras drogas tornando-se mais comum;
- O *bullying* e o *cyberbullying* aumentando com a tecnologia;[2]

---

[1] Matt Richtel, "'It's Life or Death:' The Mental Health Crisis Among U.S. Teens", *The New York Times*, 23/4/2022. Disponível em: https://www.nytimes.com/2022/04/23/health/mental-health-crisis-teens.html (acessado em 17/2/2024).

[2] Sameer Hinduja e Justin W. Patchin, "Cyberbullying: Identification, Prevention, and Response", Cyberbullying Research Center, 2021. Disponível em: https://cyberbullying.org/Cyberbullying-Identification-Prevention-Response-2021.pdf (acessado em 17/2/2024).

- Crianças cada vez mais jovens sendo expostas a pornografia, *sexting* e prostituição;[3]
- Questões de atividade, orientação e identidade sexual em ascensão;
- Internet e dependência digital;
- Uma cultura crescente de violência, objetificação e dessensibilização dos maus-tratos a outras pessoas;
- Abuso físico, abuso sexual, estupro e tráfico de jovens;
- Tiroteios escolares, adolescentes incentivando uns aos outros a cometerem automutilação e perigosos desafios virais nas mídias sociais.

Este capítulo lhe dará uma visão geral de alguns dos perigos específicos que as crianças enfrentam hoje. Como afirma o ditado, "é melhor prevenir do que remediar". Antes de discutirmos como preparar nossos filhos com as habilidades de segurança necessárias para prosperar em nosso mundo, temos de enfrentar diretamente as ameaças que eles podem encontrar.

TECNOLOGIA

Com o advento das mídias sociais e dos aparelhos eletrônicos pessoais, um mundo de novas possibilidades — trazendo consigo bênçãos e perigos — invadiu a vida de nossos filhos. Crianças e adolescentes estão ganhando dispositivos sem estarem preparados para administrá-los. Esses objetos brilhantes (smartphones, tablets, relógios inteligentes, entre outros) são dados ao seu filho ou filha, abrindo um mundo de entretenimento e conectividade. A menos que controles parentais precisos tenham sido ativados, crianças e adolescentes têm acesso a uma infinidade de jogos e aplicativos online, podem trocar mensagens de texto e vídeos com quem quiserem, têm acesso a serviços de *streaming* de

---

[3] Kimberly J. Mitchell, Lisa Jones, David Finkelhor, e Janis Wolak, "Trends in Unwanted Sexual Solicitations: Findings from the Youth Internet Safety Studies", *Crimes Against Children Research Center, University of New Hampshire*, fev. 2014. Disponível em: https://www.unh.edu/ccrc/sites/default/files/media/2022-02/trends-in-unwanted-sexual-solicitations.pdf (acessado em 17/2/2024).

vídeo, mídias sociais e uma vastidão de informações por meio de navegadores da internet, e tudo isso prontamente disponível na ponta dos dedos.

Do lado positivo, as crianças podem obter ajuda com seus deveres de casa, descobrir como construir qualquer coisa, desde um forte até um galinheiro, aprender uma segunda língua e ouvir *podcasts*, sermões, música e histórias. Elas podem se conectar com outras pessoas que compartilham seus passatempos e interesses, ou com crianças com quem se identificam, que se sentem diferentes ou têm deficiências.

Mas muitos perigos também estão presentes. Os sites pornográficos têm como alvo os jovens, pesquisando palavras frequentemente digitadas errado e redirecionando os jovens para sites pornográficos e imagens em que eles serão tentados a clicar. Nos jogos online, há pessoas enganando e se conectando com crianças, na esperança de coletar informações pessoais, obter acesso ao mundo da criança ou atrair jovens para longe de casa e para todo tipo de estilos de vida terríveis. Romanos 16.17-18 nos adverte que "esses tais não servem a Cristo, nosso Senhor, e sim a seu próprio ventre; e, com suaves palavras e lisonjas, enganam o coração dos incautos". Nossos jovens estão sendo ativamente perseguidos por influências malignas. Vídeos, salas de bate-papo e influenciadores culturais adquirem uma voz na vida do seu filho que muitas vezes é mais alta, mais constante e mais acessível do que a nossa.

Como conselheira, ouço jovens relatarem regularmente solicitações sexuais indesejadas, provocação online, exposição não solicitada a *sexting* e materiais sexuais. Entregamos um pequeno aparelho com um mundo de bem e mal. Como pais e cuidadores, precisamos considerar os perigos e nos perguntar se nossos filhos são maduros e responsáveis o suficiente para lidar com eles. Se a resposta for "sim", então precisamos ensiná-los a administrar tais privilégios e pastoreá-los por meio de prestação de contas.

A INFLUÊNCIA DOS COLEGAS

A pressão e influência dos colegas não é algo novo. Ela remonta a Adão e Eva, os quais ouviram a voz do mal induzindo-os a não acreditar que Deus é bom e quer o seu bem. Como o apóstolo Paulo disse: "Não vos enganeis: as más conversações corrompem os bons costumes" (1Co 15.33). É fácil entender que todos nós somos moldados por aqueles que nos rodeiam. Mas nossos filhos são especialmente suscetíveis a serem influenciados pelas opiniões de seus colegas. Suas vozes são altas, convincentes e prometem afirmação, liberdade e aceitação. Essas vozes seduzem as crianças a acreditar que algo de bom está sendo negado a elas e que elas devem buscar isso por conta própria.

No mundo moderno, à medida que as crianças crescem, elas começam a fazer perguntas relacionadas à sua cosmovisão e identidade, e querem saber se o que lhes foi ensinado é verdade. Pré-adolescentes e adolescentes muitas vezes têm dificuldade em aceitar que seus pais têm as melhores respostas sobre relacionamentos, identidade, atividades e até mesmo em questões de significado e propósito. Eles são atraídos pelas vozes mais persistentes em sua vida (seus colegas) para ajudá-los a responder a essas perguntas. O desejo de se encaixar e agradar se torna perigosamente forte. Isso significa que importa quem fala ao coração deles. Que tipo de amigos eles estão escolhendo? Com quem estão gastando mais tempo? Provérbios diz: "Quem anda com os sábios será sábio, mas o companheiro dos insensatos se tornará mau" (Pv 13.20).

Igualmente preocupante é a progressiva erradicação de influências adultas positivas e maduras na vida de crianças maiores e adolescentes. Os jovens estão criando e moldando uns aos outros. Eles estão na escola juntos, estão em atividades extracurriculares juntos, estão online juntos, nas redes sociais juntos, jogam juntos, trocam mensagens juntos. Raramente estão desconectados de seu grupo. Como resultado, estão se tornando sua própria fonte de sabedoria.

O acesso a smartphones, mídias sociais e internet significa que a influência dos colegas exerce cada vez mais pressão; isso também significa que é cada vez mais difícil para os pais terem voz na vida de seus filhos. A maioria dos pais quer influenciar e moldar intencionalmente o caráter de seus filhos, mas isso requer um investimento significativo de tempo e pensamento. Se os pais não construírem relacionamentos ativamente e educarem seus filhos, alguém (ou alguma outra coisa) os moldará. Quando influências maduras e piedosas são removidas, ou mesmo diminuídas, os jovens são guiados por seus amigos e pela cultura. Se deixarmos nossos jovens por conta própria, eles procurarão orientação em seus colegas e "discipularão" uns aos outros das seguintes maneiras:

- Um falso senso de maturidade/confiança em seu autoconhecimento
- Incapacidade de se ocuparem ou ficarem sozinhos
- Propensão a se alienarem da influência de adultos
- Tolerância ao mau comportamento e a demandas inadequadas dos colegas
- Intolerância à sabedoria e deboche do que é bom e saudável
- Leniência com comportamento imoral e arriscado
- Desprezo de autoridades, como se fossem irrelevantes

De fato, o companheiro dos insensatos acabará mal, mas, quando nossos filhos andarem com os sábios, eles se tornarão sábios (Pv 13.20). Amar a influência dos adultos ajudará as crianças das seguintes maneiras:

- Construindo respeito e cooperação
- Criando uma atmosfera de honra e admiração
- Fornecendo segurança para as crianças
- Encorajando a dependência saudável de uma criança aos pais e adultos para nutrição espiritual e emocional
- Construindo uma confiança em conselhos sábios, especialmente do Senhor
- Mostrando um respeito adequado pela liderança e autoridade

Paulo, em sua carta a Tito, fala longamente sobre a necessidade de os cristãos influenciarem uma geração mais jovem no que é certo e bom. Somos chamados a ser exemplos dizendo *não* à impiedade e às paixões mundanas, e a viver vidas sensatas, justas e piedosas neste presente século (Tt 2.12). Vivemos em um mundo que pode inverter tudo o que é certo e bom para as crianças. O que é bom é chamado de mau, e o que é mau é chamado de bom. Se não conversarmos, ouvirmos, nutrirmos e caminharmos ao lado de nossos filhos, eles serão atraídos pelo sistema de valores que os rodeia.

CULTURA

Vivemos em um mundo que é distintamente autocentrado. Considere estes clichês culturais: "Seja você mesmo"; "Ouça seu coração"; "O maior amor de todos é o amor-próprio"; "Faça o que é certo para você"; "Viva a sua verdade"; a lista poderia continuar. Nossos filhos são inundados com uma versão de relativismo moral que busca arrebatá-los na correnteza de seus colegas. É o ar cultural que respiram. É o ambiente onde são educados e é a batida constante do ritmo da mídia.

Essas mensagens levam nossos filhos a questionar o que é certo e bom. A cultura ao redor deles pode facilmente moldar seus valores e ideias quanto a absolutos morais, relacionamentos, romance, sexualidade, identidade e o que influencia sua tomada de decisão. Uma cultura secular influenciará seus filhos a abraçarem uma cosmovisão desprovida de Deus, e eles podem ser rapidamente arrebatados pela ideologia e pelos comportamentos que a acompanham.

Quando essas mensagens são internalizadas, os jovens muitas vezes decidem que o bem maior é o que eles pessoalmente escolhem como bem. Isso os leva a cuidar de si mesmos, às vezes às custas de pisar nos outros. Ou eles passam para a falta de sentido, desespero, falta de motivação e uma espiral descendente até a depressão ou o suicídio.

Além de ostentar aos nossos filhos o valor do amor a si mesmo e de ser autocentrado, o mundo coloca dúvidas em sua mente sobre a Palavra de Deus. As Escrituras e sua autoridade estão sob ataque. Também nós podemos até mesmo tentar reinterpretar a Palavra de Deus de acordo com nossas crenças e escolhas. Quando nossos filhos começam a duvidar do que Deus diz e a questionar seu cuidado por nós, eles começam a se mover em direção ao que lhes parece certo. Seu desejo de autonomia se torna mais poderoso e decisivo do que a Palavra de Deus.

A verdade se tornou subjetiva — é por isso que as pessoas falam tão facilmente sobre "a minha verdade". Isso leva ao colapso de quaisquer absolutos morais e à ascensão da soberania individual. Nossos filhos aprendem a buscar coisas que prometem proporcionar alegria, prazer, realização, conexão e identidade, mas que levam à morte. Em última análise, há uma batalha no coração e na mente de nossos filhos entre a verdade revelada e a verdade subjetiva.

É grave perceber como em apenas uma geração é possível perder de vista os caminhos de Deus. Mais do que nunca, é preciso que os pais protejam seus filhos de filosofias vazias. Juízes 2.10 diz: "Foi também congregada a seus pais toda aquela geração; e outra geração após eles se levantou, que não conhecia o Senhor, nem tampouco as obras que fizera a Israel".

"A mudança está sempre a uma geração de distância", disse o ateu Bill Hallowell. "Então, se pudermos plantar sementes de dúvida em nossos filhos, a religião desaparecerá em uma geração, pelo menos em grande parte — é isso, penso eu, que temos a obrigação de fazer."[4] Não se engane quanto a isto: nossa geração e as gerações seguintes estão sendo ativamente proselitizadas, persuadidas e convertidas a uma nova verdade relativa.

O pensamento secular diz que somos mais humanos quando comandamos a nós mesmos. O pensamento cristão diz o contrário: somos mais humanos quando abrimos mão do controle e nos entregamos a um Deus soberano. A forma de pensar do mundo ao nosso redor pode ser convincente, mas Paulo nos lembra: "Cuidado que ninguém vos venha a enredar com sua filosofia e vãs sutilezas, conforme a tradição dos homens, conforme os rudimentos do mundo e não segundo Cristo" (Cl 2.8).

---

4 Billy Hallowell, "Prominent Scientist Says 'Religion Will Go Away in a Generation' if Atheists Use This Tactic to Teach Children", *The Blaze*, 6/11/2014. Disponível em: https://www.theblaze.com/news/2014/11/06/prominent-atheist-scientist-cites-slavery-and-gay-marriage-in-this-dire-prediction-religion-will-go-away-in-a-generation.

O PERIGO TAMBÉM VEM DE DENTRO

"O homem bom do bom tesouro do coração tira o bem, e o mau do mau tesouro tira o mal; porque a boca fala do que está cheio o coração" (Lc 6.45).

Você pode e deve vigiar seus filhos de perto. Você pode e deve monitorar suas atividades e tentar protegê-los de danos. Mas você descobrirá que o perigo que seus filhos enfrentam nem sempre pode ser mantido distante. Devemos prepará-los para atuar com sabedoria no mundo e distinguir o bem do mal. Uma boa criação não é simplesmente colocar limites e muros altos — proteger nossos filhos dos perigos externos deste mundo. A criação sábia também ajuda as crianças a entender que também há perigo por dentro. O pecado reside no coração e não é facilmente visível. Cada pessoa — entes queridos, amigos de confiança e conhecidos, indivíduos respeitáveis com quem vivemos e trabalhamos — é capaz de se desviar em escolhas destrutivas. Isso inclui seus próprios filhos.

Em 2004, M. Night Shyamalan produziu o filme *A vila*. É a história de um grupo de adultos que, depois de experimentarem vitimação e sofrimento, decidiram se retirar do mundo exterior para protegerem a si e a suas famílias de danos futuros. Foi criada uma vila, propositadamente cercada por uma floresta cheia de criaturas malignas, que mantinham seus aldeões detidos e "seguros" do mundo exterior.

Em um desejo de escapar da tragédia e dos males do mundo exterior, eles criaram seu próprio ambiente protegido, acreditando na mentira de que o mal existe "lá fora", além de si mesmos. Eles rapidamente descobrem que o mal que procuravam evitar existe dentro das próprias muralhas que construíram. Na verdade, existia dentro deles. Estar despreparado para essa realidade levou a consequências devastadoras.

Aleksandr Soljenítsin, em *Arquipélago Gulag*, diz: "A linha que separa o bem e o mal não passa entre estados, nem entre classes, nem entre partidos políticos; mas através de cada coração humano — e através de todos os corações humanos."[5]

Jesus nos diz: "Porque de dentro, do coração dos homens, é que procedem os maus desígnios, a prostituição, os furtos, os homicídios, os adultérios, a avareza, as malícias, o dolo, a lascívia, a inveja, a blasfêmia, a soberba, a loucura" (Mc 7.21-22). Sim, cada um de nós é vulnerável ao mal que nos acontece, mas também somos capazes de permitir que ele crie raízes *dentro* de nós. Nossos filhos precisam ser ensinados a guardar o próprio coração, pois este é a fonte da vida (Pv 4.23). Tiago nos lembra da ladeira escorregadia de ceder aos desejos pecaminosos: "Então, a cobiça, depois de haver concebido, dá à luz o pecado; e o pecado, uma vez consumado, gera a morte" (Tg 1.15). Falharemos com nossos filhos se apenas os abrigarmos dos perigos externos deste mundo e não despertarmos neles a decisão de se guardarem da corrupção.

Podemos tentar manter o mal longe de nós, mas falharemos por causa da natureza abrangente do pecado e do mal. Seus filhos serão tentados por seus próprios desejos errados. Assim como você, eles cairão às vezes. Às vezes, irão na direção errada. Mas esta é exatamente a questão que o Evangelho de Jesus Cristo aborda. Jesus morreu em uma cruz cruel porque somos todos pecadores. Naquela cruz, todos os nossos pecados foram perdoados — os pecados dos pais e dos filhos. Isaías 53.6 diz: "Todos nós andávamos desgarrados como ovelhas; cada um se desviava pelo caminho, mas o Senhor fez cair sobre ele a iniquidade de nós todos." Fomos resgatados de nós mesmos — e continuamos sendo. Nós e nossas famílias recebemos um Ajudador e Consolador que transforma corações e mentes — lugares que ninguém mais consegue alcançar.

Nossa segurança final e a segurança de nossos filhos são encontradas ao confiarmos em um Pai fiel que nos resgatou e continua a nos resgatar. Enquanto passamos o resto do livro discutindo como proteger nossos filhos dos perigos deste mundo, lembre-se das Boas-Novas que você tem de compartilhar com

---

5 Aleksandr Soljenítsin, *Arquipélago Gulag* (São Paulo: Carambaia, 2023).

seus filhos — que Jesus Cristo veio para salvar os pecadores (1Tm 1.15). Então, juntos, vocês podem se lembrar de que "maior é aquele que está em vós do que aquele que está no mundo" (1Jo 4.4).

O DESAFIO: COMO SER SAL E LUZ

Saber que Jesus é mais poderoso do que a enxurrada de pressões e riscos que nossos filhos enfrentam é um ótimo ponto de partida, mas ainda pode ser difícil saber como seria uma resposta especificamente cristã aos perigos aos quais nossos filhos estão expostos. Devemos remover nossos filhos da sociedade e privá-los de todos os aparelhos tecnológicos, buscando ter controle total sobre todas as influências que possam surgir em seu caminho? É isso que significa proteger nossos filhos?

Jesus nos indica o caminho a seguir usando as metáforas do sal e da luz para ilustrar como seus seguidores devem viver no mundo (Mt 5.13-16). Devemos preservar e iluminar o que é bom, tanto para nossos filhos quanto para nossas comunidades. Devemos melhorar o mundo caído ao nosso redor. Nossa vida como filhos redimidos de Deus deve ter um efeito obviamente encorajador para aqueles com quem trabalhamos e vivemos. Esta é a postura que queremos transmitir aos nossos filhos. Em vez de ficarmos aterrorizados com os perigos que nossos filhos enfrentam, ou escondermos a cabeça em um buraco proverbial e fingir que eles não existem, podemos recorrer a Cristo para nos ajudar com aquilo de que precisamos para ensinar e preparar nossos filhos para serem sal e luz.

Porém é preciso pensar cuidadosamente para descobrir o que significa estar no mundo, mas não ser do mundo (Jo 17.14-19). A Escritura manda não nos conformarmos com este século (Rm 12.2) e termos nosso espírito renovado (Ef 4.23), mas também nos ensina que Jesus não orou para que fôssemos tirados deste mundo, e sim para que fôssemos guardados do mal (Jo 17.15).

Quando fielmente representamos Cristo ao mundo ao nosso redor, iluminamos o caminho deles até seu Criador. Queremos criar nossos filhos e prepará-los de tal forma que, quando o mundo olhar para a vida deles, seja atraído para Cristo e seus caminhos.

Nossa fidelidade deve ser evidente para todos. O comportamento do povo de Deus deve ser uma luz que atraia outros para si. Precisamos lembrar que o sal não deve perder seu sabor e a luz não deve ser escondida ou diminuída. É tentador olhar para todos os temas difíceis que discutiremos e acreditar que a escuridão é grande demais; contudo, não devemos ser vencidos pelo mal, mas vencer o mal com o bem (Rm 12.21).

Como preparamos nossos filhos para viver em seu mundo sendo sal e luz? Seu caráter deve ser moldado e transformado por um relacionamento pessoal com Cristo. Incutimos um amor pelo Senhor e por tudo o que é correto, bom e santo. Nós os direcionamos para o que a Escritura nos diz: "Pois somos feitura dele, criados em Cristo Jesus para boas obras, as quais Deus de antemão preparou para que andássemos nelas" (Ef 2.10). Os jovens se tornarão sal e luz quando aprenderem a andar com o Senhor.

A maior defesa de nossos filhos contra o mal deste mundo será conhecer a Deus e seus caminhos. Então, eles saberão o caminho reto a seguir e serão capazes de reconhecer o caminho tortuoso e evitá-lo. Não deve haver maior alegria para nós do que saber que nossos filhos andam na verdade (3Jo 4). Como pai ou mãe, não se canse de discipular seus filhos; o Senhor e seu Espírito serão sua ajuda. Encoraje-se para sua jornada com 2 Coríntios 9.8: "Deus pode fazer-vos abundar em toda graça, a fim de que, tendo sempre, em tudo, ampla suficiência, superabundeis em toda boa obra".

Capítulo 2
PREOCUPAÇÃO E NEGAÇÃO *NÃO* SÃO HABILIDADES DE SEGURANÇA

Quem de vocês, por mais que se preocupe, pode acrescentar uma hora que seja à sua vida? (Mt 6.27, NVI)

Quando abordamos e respondemos a questões de segurança em relação aos nossos filhos, os pais enfrentam muitas dificuldades comuns. Em vez de enfrentar a realidade com doses apropriadas de realismo e fé, é fácil desviar-se do caminho nas direções opostas do medo ou da negação. Nenhuma das duas respostas permitirá que você tome decisões saudáveis ou prepare adequadamente seus filhos para os desafios que enfrentarão. Nenhuma das duas permitirá que você cresça em amor e dependência do Senhor, nem ajudará seu filho nisso. Vamos nos aprofundar em cada dificuldade e ver o caminho melhor que Cristo nos oferece.

MEDO E PREOCUPAÇÃO, HABILIDADES DE SEGURANÇA INÚTEIS

Os pais se preocupam com germes, câncer, asfixia, sequestro, drogas e álcool, desempenho escolar e acadêmico, e muitas outras coisas — a lista é interminável para todos nós. Mas ficar preocupado com isso não é uma tática que manterá nossos filhos seguros. Nossa ansiedade não serve para nada além de gastar tempo e energia mental.

Ouvi dizer que muitos pais se referem a si mesmos como preocupados. Alguns pais usam sua preocupação como um distintivo de honra. Para eles, chega a parecer que sua aflição prova que amam seus filhos e que, de alguma forma, isso os mantém seguros.

Mas a preocupação aumenta a segurança? A resposta breve, mas surpreendente, é: não. O que a preocupação faz é diminuir sua capacidade de ver claramente ameaças genuínas. A preocupação traz consigo todos os "e se", as possibilidades e suas próprias inseguranças e medos do futuro. Ela distrai você de viver no presente e perceber o que está acontecendo na sua frente. Ela prejudica a sabedoria e o discernimento.

Gavin de Becker escreve em seu livro *Proteja seus filhos*: "Percepção, e não preocupação, é o que ajuda a segurança. A percepção concentra sua atenção; a preocupação a confunde".[1]

Constantemente, pensamos que, se nos preocuparmos bastante com todos os possíveis perigos que nossos filhos possam enfrentar, talvez então possamos fazê-los desaparecer por nossa vontade. Acreditamos que essa hiperatenção produzirá alguns benefícios. Em vez disso, a preocupação nos coloca em um estado de medo perpétuo. Nesse estado, não conseguimos discernir o que é realmente uma ameaça ou o que pode ser inofensivo. Para os pais ansiosos, tudo parece uma ameaça.

---

[1] Gavin de Becker, *Proteja seus filhos: como manter em segurança o seu bem mais precioso (e ficar em paz)*. (Campinas: Kírion, 2023).

A preocupação nos impede de viver plenamente no presente. Ela torna nossos filhos hesitantes em assumir riscos, em experimentar com resiliência o fracasso e o sucesso, e os impede de experimentar coisas novas. Os pais que se preocupam tentam controlar o mundo deles, frequentemente reduzindo-o a um tamanho que pareça administrável. O resultado é que eles involuntariamente impedem seus filhos de viverem a vida com plenitude. As crianças que crescem com pais ansiosos muitas vezes se sentem sufocadas.

A preocupação é incapacitante para a sensação de segurança e estabilidade tanto dos pais quanto da criança. Um pai ou uma mãe que se preocupa de maneira crônica provavelmente criará um filho aflito. As crianças preocupadas não são hábeis em lidar com desafios; na verdade, elas têm dificuldade em assumir riscos, experimentar coisas novas e interagir com as pessoas. Ao nos preocuparmos, em vez de evitar danos, podemos de fato causar danos aos nossos filhos.

Não é por acaso que a Escritura diz "não temas" mais de 365 vezes. A Bíblia não está insinuando que o perigo não existe. Também não está indicando que você ou seus filhos nunca passarão por dificuldades. Na verdade, vemos repetidamente que a Bíblia nos orienta a não nos surpreendermos com provações e tribulações, com o sofrimento e o mal — tudo isso existe (Jo 16.33; Tg 1.2-8; 1Pe 4.12; 1Pe 5.10).

A preocupação também pressupõe uma existência funcionalmente sem Deus. Simplificando, a preocupação nos diz que Deus com certeza não está presente ou no controle; portanto, eu preciso descobrir como manter meus filhos seguros. Porém, no meio da angústia, Deus nos lembra repetidas vezes de que ele é nosso refúgio e socorro bem presente na tribulação (Sl 46.1-3). A preocupação diz: "Preciso resolver e controlar meu mundo". A fé diz: "Deus está no controle e preparará a mim (ou a meu filho) com sabedoria para o momento".

Como muitas vezes disse meu ex-colega e diretor executivo da CCEF (Christian Counseling & Education Foundation), o saudoso David Powlison, nesta vida podemos ter muitas razões para temer, mas temos razões ainda melhores para não temer quando consideramos quem é o Senhor e como ele está ao nosso lado.[2] Que pensamento reconfortante quando somos tentados a ficar paralisados por montanhas de "e se"!

Haverá muito a temer neste mundo, mas não podemos ser governados por isso. Como crentes, sabemos que existe um Deus que é soberano sobre todos. Ele é nossa ajuda, refúgio e sabedoria, e um conforto seguro nos lugares e tempos difíceis. Josué 1.9 nos lembra: "Não to mandei eu? Sê forte e corajoso; não temas, nem te espantes, porque o Senhor, teu Deus, é contigo por onde quer que andares." Em qualquer situação difícil, somos chamados a confiar em Deus, mas também a dar passos de fé e coragem. Diante de todos os perigos aos quais nossos filhos podem estar expostos, confiamos que Deus estará conosco e nos ajudará a sermos sábios, praticar o discernimento e proteger nosso lar. Assim, colocamos nossa esperança nele.

NEGAÇÃO, OUTRA TÉCNICA DE SEGURANÇA INÚTIL

Ao serem confrontados com as ameaças às quais seus filhos podem estar expostos, a dificuldade oposta para os pais é a negação. Alguns pais se orgulham de não se preocuparem tanto quanto os outros. Eles observam pela janela enquanto seus filhos pequenos brincam do lado de fora com o amigo vizinho. Eles pulam de pedras, correm para dentro e para fora da casa e sobem em árvores. Estão confiantes de que seus filhos estão felizes e seguros.

No entanto, eles podem estar desatentos ao adolescente mais velho, que também os observa de sua janela. Esse adolescente tem problemas com a pornografia e começou a procurar maneiras de praticar as fantasias sexuais a que tem assistido. Ele vê seu irmãozinho brincando com as crianças, observa-as entrando e saindo de casa, passando por ele. Ele considera maneiras de atrair uma das crianças até seu quarto, ao banheiro ou porão, enquanto as outras

---

[2] Conferência Regional CCEF 2015, "Anxiety: How God Cares for Stressed People, Session 2: 'Practical Steps toward Change'".

crianças estão distraídas. Ele planeja suborná-las com um filme ou videogame e separá-las para que possa molestar cada uma.

Talvez, se alguém lhe dissesse que tal possibilidade existe, você ignoraria, chamaria de alarmista ou balançaria a cabeça em descrença. A negação ignora as possibilidades e se recusa a aceitar essas coisas como uma opção em seu bairro, comunidade, casa ou família. A negação racionaliza, minimiza e argumenta contra preocupações genuínas ou sinais de alerta.

Na intenção de evitar desconforto, ou talvez porque absolutamente não temos ideia de como abordar tais assuntos, dizemos a nós mesmos que nossos filhos nunca poderiam ser abusados sexualmente. Garantimos que podemos manter nossos filhos seguros, que conhecemos nossos vizinhos e amigos. Ou talvez você opte por crer que pode proteger seus filhos mantendo-os em casa, onde o mal não os alcançará. Você não sabe que, enquanto estão confortavelmente sentados no sofá, eles podem, neste exato momento, estar online com um adolescente mais velho ou um adulto que está enviando pornografia explícita.

A negação suprime a preocupação legítima; ignora um instinto ou uma sensibilidade a sinais de que algo está errado. Por querermos estar livres da preocupação e do medo, fechamos nossa mente (e nossos olhos) à possibilidade de perigo. Podemos nos preocupar com a maneira como alguém observa nosso filho, mas deixamos de lado porque não queremos ser céticos em relação aos outros. Sentimo-nos desconfortáveis por nossos filhos ficarem no quarto sem supervisão por um longo tempo, mas, em vez de ir vê-los, dizemos a nós mesmos que é bobagem desconfiar deles.

A negação é o ato de ver algo ou sentir que algo está errado, mas se recusar a enfrentar aquilo. Às vezes, é um sentimento ou observação intangível que ainda não conseguimos articular. Ela aponta para uma preocupação, mas nós a ignoramos ou rejeitamos. A negação racionaliza nossas apreensões justas e nos tranquiliza em uma falsa sensação de conforto.

Essa perspectiva pode levar a uma tragédia grave e a muitos arrependimentos. Considere a história de uma família que é convidada para a casa de outra família bem chegada à primeira. Os adultos estão tomando café enquanto as crianças estão brincando no andar de baixo, na sala de estar. Na hora de ir embora, as crianças sobem e um dos meninos menciona que seu irmão mais novo e outra criança mais velha ficaram sozinhos no banheiro. A mãe do menino mais novo tem um momento de inquietação. Quando ela pergunta ao filho mais novo sobre isso, ele age de forma acanhada, e a criança mais velha diz que estava ajudando o menino a lavar as mãos. A mãe do menino mais velho comenta sobre como isso foi gentil, e a outra mãe se sente um pouco envergonhada e faz com que seu filho agradeça à criança mais velha.

Apenas depois de vários outros momentos questionáveis e alguns meses depois, outra pessoa surpreende os meninos e encontra a criança mais nova fazendo sexo oral na mais velha. A mãe do menino mais novo depois admite que muitas vezes se sentia desconfortável com o menino mais velho, mas não queria ser desconfiada. Essa relutância em ser "desconfiada" custou ao filho meses de sofrimento. Nem sempre sabemos o que sentimos e por que sentimos aquilo, mas a negação nunca é uma boa maneira de lidar com sentimentos desconfortáveis e preocupações vagas.

Em vez disso, temos de estar dispostos a admitir que uma ameaça aos nossos filhos pode vir de alguém que eles conhecem e com quem interagem rotineiramente. Devemos estar dispostos a acreditar que, em algum momento, nossos filhos podem ser abordados, aliciados ou alvos de más intenções. Aceitar essa realidade deve ser a motivação que você precisa para proteger seus filhos e sua casa.

Até que as crianças tenham idade suficiente e aprendam as habilidades para se protegerem, isso é nossa responsabilidade. As crianças que recebem a responsabilidade de autoproteção muito cedo estão despreparadas para a tarefa e muitas vezes se tornam temerosas ou hipervigilantes. As crianças que têm pais superprotetores sempre a cercá-las crescem sufocadas, desatentas e ingênuas. As crianças com pais amorosos e proativos que as protegem, educam e preparam crescem com parâmetros seguros e recursos para enfrentar o futuro com confiança e sabedoria, sem medo.

NOSSA CONFIANÇA

Como Jesus aponta, a preocupação não acrescenta nem alcança nada (Mt 6.27). Jesus continua dizendo: "Portanto, não vos inquieteis com o dia de amanhã, pois o amanhã trará os seus cuidados; basta ao dia o seu próprio mal" (Mt 6.34).

Lembre-se: nossa confiança e segurança devem, em última análise, estar no Senhor. Podemos ser fiéis no cuidado de nossos filhos, protegendo-os e preparando-os, e então os entregamos nas mãos de nosso Pai celestial. Deus não é apenas nosso refúgio e socorro em tempos de tribulação; ele também é o refúgio e socorro de nossos filhos em tempos de tribulação (Sl 46.1). Ele é nosso escudo e protetor; ele é o escudo e protetor também de nossos filhos (Sl 18.2). Cumprimos nossa tarefa ao preparar nossos filhos com o conhecimento, o discernimento e as habilidades necessárias para enfrentarem os perigos e, em seguida, suplicamos que confiem no Senhor nos momentos de necessidade.

Queremos proteger nossa família contra os perigos que existem, mas não podemos preservá-los de todos os perigos. Podemos e devemos dar a eles o conhecimento e as habilidades para saber como responder quando surgem situações problemáticas, preparando-os para enfrentar as provações. Ensinar-lhes o bem e o mal construirá uma defesa adequada, protegendo-os contra as flechas direcionadas a eles.

À medida que lidam com uma cultura cada vez mais sem Deus, é ainda mais importante que nossos filhos estejam preparados para saber como pensar, responder e viver em meio a ela. Se não os prepararmos, serão vítimas das armadilhas colocadas diante deles.

O apóstolo João nos lembra de nossa esperança: "Filhinhos, vós sois de Deus e tendes vencido os falsos profetas, porque maior é aquele que está em vós do que aquele que está no mundo" (1Jo 4.4). Não se desanime. O perigo existe, mas a luz também. Como cristãos, somos pessoas que têm uma firme esperança. Maior é aquele que está em nós do que qualquer mal que exista ao nosso redor. E Deus é capaz de tomar o que os outros intentam para o mal e usá-lo para o bem (Gn 50.20).

É nossa responsabilidade ser sal, preservar o que é bom, puro, correto e santo — e ser luz nos lugares escuros.

Como pais, podemos tender a tratar os perigos reais que nosso mundo oferece com medo e preocupação excessivos ou negando que o perigo existe. Porém, como cristãos, sempre temos outro caminho disponível para nós. Em lugar da ansiedade, vamos até Deus com todos os nossos medos e pedimos sabedoria sobre como lidar com os perigos que nos cercam. Em lugar da negação, enfrentamos o perigo diretamente, sabendo que não estamos sozinhos, que Deus está conosco e que aquele conosco é mais forte do que aquele no mundo (1Jo 4.4). Nossa confiança não está no que podemos fazer, mas em nosso Deus, o qual nos capacita para toda boa obra. Com essa confiança, podemos preparar nossos filhos para também colocarem sua fé em Deus enquanto aprendem a lidar com o mundo onde vivemos.

Capítulo 3
CRIANDO FILHOS PREPARADOS, NÃO AMEDRONTADOS

Deixo-vos a paz, a minha paz vos dou; não vo-la dou como a dá o mundo. Não se turbe o vosso coração, nem se atemorize. (Jo 14.27)

Embora seja importante reconhecer que nossos filhos enfrentam um perigo genuíno e que os pais são chamados a protegê-los de danos, também devemos lembrar que somos chamados a criar filhos preparados, e não filhos amedrontados. Podemos educar nossos filhos sobre os perigos que existem sem ensiná-los a responder ou viver com medo. Ao pensar em minhas experiências como mãe e conselheira, diria que, quanto mais as crianças forem treinadas e receberem as ferramentas para saber como responder a situações incertas ou perigosas, mais confiantes, competentes e em paz elas estarão.

CRIANÇAS AMEDRONTADAS

Quando nosso filho completou 5 anos, nós o matriculamos na pré-escola. Nós o deixávamos todos os dias e o buscávamos depois do trabalho. Um dia, quando fomos buscá-lo, sua professora mencionou que ele parecia amedrontado e em alerta máximo durante toda a tarde. Ele não brincou com nenhuma das crianças e ficou sozinho em um canto. Perguntei se algo havia acontecido — uma criança foi rude com ele ou alguém o maltratou? A professora não soube indicar nada que pudesse ter gerado sua ansiedade.

Nos dias seguintes, isso ocorreu com mais frequência. Ele nos pedia para buscá-lo mais cedo ou se agarrava mais a nós pela manhã e hesitava entrar na sala de aula. Conversamos com ele com frequência, perguntando se alguém o havia maltratado, tentando fazê-lo se abrir. Percebemos que, mesmo na igreja, ele hesitava entrar na sala da escola dominical e não queria que o deixássemos.

Seu comportamento nos afligia, e comecei a me preocupar de estarmos ignorando algo importante. Tivemos dificuldades para saber como responder.

À medida que explorávamos o que poderia estar acontecendo, descobrimos que, todas as tardes na pré-escola, duas turmas se juntavam enquanto os professores iam para casa. A turma do nosso filho foi combinada com crianças um ano mais velhas. Por alguma razão, isso o deixava desconfortável, até mesmo ansioso. A mesma coisa às vezes acontecia na igreja também. Fizemos tudo ao nosso alcance para estarmos atentos e fazer boas perguntas, e ao mesmo tempo indicávamos como falar se algo negativo estivesse ocorrendo.

Com o passar do tempo, pareceu-nos que a fonte de estresse do nosso filho era o desconforto de estar com crianças mais velhas, embora não houvesse motivos para crer que alguém o estivesse maltratando. Fizemos tudo ao nosso alcance para garantir que não estávamos colocando-o em uma situação perigosa e trabalhamos para assegurar-lhe que estava seguro, confortando-o e ficando com ele quando necessário. Quando soubemos que ele estava em um ambiente seguro, procuramos ajudá-lo a superar sua ansiedade, ensinando-lhe habilidades para incutir confiança.

Tenho de admitir que fiquei preocupada. Temi que pudesse estar deixando algo passar e que ele pudesse ser ferido de alguma forma. Porém, ele gradualmente contornou essa dificuldade, e fico feliz em relatar que nada de ruim aconteceu.

Contudo, à medida que nosso filho crescia, ele tendia a ter novos medos e inseguranças. Muitas vezes, preocupava-se com coisas ruins acontecendo com ele. Tinha a tendência de se sentir desconfortável com pessoas e ambientes novos. Ele ocasionalmente falava sobre a ideia de ladrões e pessoas más o sequestrando. Não havia experimentado essas coisas, mas estava se conscientizando delas. Conforme ele compartilhava, aprendemos mais sobre as propensões de seu coração ao medo e como precisávamos cuidar dele. Ficou claro que ele desenvolveu preocupações inatas que precisavam ser abordadas. Foi-nos aberta uma janela para o que se passava em seu coração e para as maneiras como ele se sentia vulnerável.

Como pais, devemos saber que a nossa contribuição ajudará ou prejudicará nossos filhos. A forma de lidar com nosso filho geraria mais medo nele ou o ajudaria a diminuí-lo. Poderíamos ter falado de uma forma que menosprezasse seus medos e o fizesse sentir-se desconsiderado, ou poderíamos usar seu medo para aumentar nossas advertências contra tais perigos. Nenhuma dessas respostas seria uma opção útil ou sábia. O que ele precisava era que ouvíssemos seus medos, o protegêssemos do verdadeiro perigo e o preparássemos para ele ter as palavras, as habilidades e a confiança para agir, caso realmente se encontrasse em apuros. Ele também precisava de oportunidades para desenvolver sua confiança em ambientes que considerássemos seguros.

Se eu permitisse que minhas preocupações me dominassem e expressasse a ele meus temores, poderia ter inadvertidamente reforçado sua necessidade de sentir medo. Muitas vezes, a reação dos pais aumentará (ou aliviará) as emoções de uma criança. Uma criança pode aprender a se preocupar observando como os pais lidam com o medo e a ansiedade. Mas ela também pode aprender a relaxar observando a resposta de seus pais às suas preocupações.

Se você tem um filho que sofre com ansiedade, pode ficar tentado a confortá-lo, tranquilizando-o: "Não se preocupe, isso nunca acontecerá" ou "Você está bem; ninguém vai machucá-lo ou sequestrá-lo". Mesmo que digamos essas coisas com relativa confiança, a realidade é que as coisas que nossos filhos temem *acontecem*. Crianças são sequestradas, pessoas invadem casas e crianças mais velhas maltratam crianças mais novas.

As crianças estão mais informadas e antenadas com o mundo e os eventos locais do que nunca. Muitas vezes, mesmo com pouca idade, já estão muito conscientes de todos os perigos lá fora. Elas ouvem a respeito nas notícias, nas mídias sociais, em um aparelho de casa conectado à internet ou em smartphones. E, se você de alguma forma as protegeu de tudo isso, elas ouvirão de seus colegas, que não estão protegidos e têm acesso constante.

Não ofereça falsas garantias aos seus filhos. Coisas ruins acontecem. Dizer o contrário às crianças parecerá descaso com elas, ou fará com que elas considerem você irrelevante ou inadequado para ajudá-las. Neste mundo, haverá problemas. Elas serão expostas a eles ou alertadas sobre eles, e devemos ajudá-las a lidar com isso.

Podemos fazê-lo de duas maneiras.

Primeiro, somos sempre honestos com elas, de maneiras apropriadas ao seu desenvolvimento. As crianças precisam saber que seus pais serão abertos, honestos e acessíveis quando estiverem procurando a verdade. Nossos filhos precisam que nós os direcionemos a Cristo para obter sentido na vida. Isso começa inculcando uma cosmovisão bíblica conforme eles crescem. Não começa no ensino fundamental ou médio com um curso de apologética; começa aos 2 ou 3 anos de idade, quando começamos a ensiná-los sobre o bem e o mal, como Deus fez o mundo e o seu propósito para famílias, relacionamentos e gênero. Significa mostrarmos que conversamos sobre tudo e incentivamos perguntas. Essa prática continua durante todo o curso da criação deles, discipulando-os em todos os caminhos de Deus.

Nossos filhos devem ter a confiança de que podem contar conosco para ajudá-los a entender suas experiências. Fazemos isso direcionando-os à fonte da verdade, para aquele que dá sentido à vida e às suas experiências. Compartilhamos que, quando nós estamos com medo e indecisos, buscamos o Senhor como nosso refúgio. Damos exemplo de confiança no Senhor. Ele é nossa fonte de sabedoria e esperança. Em última análise, confiamos em sua orientação e proteção, e falamos sobre como o vemos trabalhando em nossa própria vida.

Em segundo lugar, temos a tarefa de preparar nossos filhos para enfrentar as realidades da vida e tudo que eles podem experimentar. Não basta dizer: "Sim, o mundo não é seguro e você deve confiar em Deus." É verdade, mas está incompleto. Devemos educá-los e prepará-los para saírem e se envolverem com o mundo ao seu redor. Trabalhamos a fim de treinar e preparar as crianças com as ferramentas para lidarem com a vida e tudo o que esta lançará sobre elas.

Deuteronômio 6 nos encoraja a ensinar o que é bom e correto para nossos filhos no curso da vida. Devemos ensiná-los diligentemente — falando com eles assentados, andando, quando nos deitamos e quando nos levantamos (Dt 6.7). Nem sempre podemos evitar que nossos filhos sejam expostos ao mal ou à tentação, mas podemos prepará-los para responder às situações com sabedoria e discernimento.

CONHECENDO AS CRIANÇAS E SUAS VULNERABILIDADES

À medida que nossas crianças se desenvolvem, devemos aprender a estar atentos a suas possíveis fraquezas ou dificuldades. É vital reconhecer como essas dificuldades podem torná-las vulneráveis, seja à tentação ou à exploração. Os jovens podem ser vulneráveis de várias maneiras: por limitações de idade, de estatura, cognitivas ou emocionais; tentações pessoais, fraquezas e deficiências, entre outras.

Por exemplo, as crianças que são tímidas e menos assertivas podem ter dificuldade em se impor ou protestar contra atos de *bullying*. Elas podem ser mais facilmente visadas por outras crianças que desejam tirar proveito de sua timidez e importuná-las. Os pais que entendem isso trabalharão para ajudar seus filhos a desenvolverem assertividade, ficarão atentos aos sinais de um colega que tenta intimidá-los ou controlá-los, e os ajudarão a saber a quem recorrer ou o que dizer em tais situações. Os pais podem simular, discutir e dar opções sobre como a criança pode reagir (consulte o Capítulo 6 para saber mais sobre a importância da interpretação de papéis na encenação).

Um menino que deseja ser aceito e reconhecido pode se tornar suscetível à pressão dos colegas ou a comportamentos de risco. Ele pode ser suscetível a incentivos de ter um comportamento rebelde na escola, pode ser encorajado a incomodar outro aluno para ser aceito em um grupo, ou participar de comportamentos de risco, como o uso de *vape* ou drogas, aventuras ou atitudes criminosas para se encaixar no time de futebol. Ajudar seu filho a ver como o medo da rejeição pode levá-lo a tomar decisões imprudentes e a sacrificar convicções pessoais é vital para prepará-lo para enfrentar tais tentações.

Uma criança com deficiência cognitiva pode ser desviada por um aluno mais velho que deseja manipulá-la. Uma adolescente que se sente mal-amada ou solitária pode ser suscetível à exploração online. Uma criança ensinada a confiar e obedecer à autoridade sem questionar pode ficar confusa quando abusada sexualmente por uma babá ou pelo avô. Um jovem com deficiência física está à mercê de quem cuida dele. Uma criança deixada aos cuidados de uma babá ou creche é vulnerável em todos os sentidos e dependerá completamente dos cuidados de outras pessoas.

Pais atenciosos ajudam a proteger seus filhos, entendendo seus pontos fortes e fracos, onde eles são propensos à tentação e o que os torna vulneráveis. Fazendo isso, os pais podem começar a tratar pessoalmente desses aspectos e orientar seus filhos individualmente. Quanto mais entendermos nossos filhos, melhor seremos em prepará-los com o conhecimento e as ferramentas necessárias.

A IMPORTÂNCIA DO DISCERNIMENTO DOS PAIS

Quando eu tinha 3 anos, minha irmã fez uma cirurgia cardíaca na Filadélfia. Meus pais passaram longas horas no hospital esperando comigo, uma criança de 3 anos altamente enérgica que os estava cansando (eu corria ao redor deles e era conhecida por pular de móveis). Entre a preocupação com o bebê em meio a uma cirurgia séria e a atenção constante à filha bagunceira, eles estavam exaustos.

Meus pais se sentaram em uma sala de espera, e uma adorável mulher de meia-idade começou a conversar com eles. Percebendo que eles estavam cansados e que eu era agitada, ela se ofereceu para lhes dar um descanso e me levar para passear. Minha mãe sentiu que algo não estava certo e ficou imediatamente em alerta máximo. Um completo estranho querer tirar uma criança da vista de seus pais é um grande sinal vermelho. Ela recusou com educação. A mulher perguntou de novo, garantindo que não seria problema ajudá-los. Minha mãe recusou. Enfim, a conversa terminou e a mulher foi embora. Mais tarde naquele dia, foi noticiado que uma mulher havia saído do hospital com uma criança. A descrição combinava com a da mulher com quem meus pais conversaram mais cedo.

Olhando para trás, minha mãe estava convencida de que eu teria sido sequestrada do hospital naquele dia. Pessoalmente, sou grata por ela não ter descartado sua preocupação como infundada simplesmente porque não sabia explicar bem a razão. Em vez de viver com profundo arrependimento, vivemos com uma história que ilustra a importância de prestar atenção.

Odiamos a ideia de fazer juízos falsos sobre outra pessoa ou suas intenções; por isso, podemos facilmente descartar um "sentimento estranho" como se fosse paranoia. Também podemos fazer isso em situações que nos deixam nervosos ou desconfortáveis.

Considere uma pessoa que se aproxima de mim enquanto vou para o meu carro e me deixa nervosa. Ou se estou somente eu, em um corredor à noite, com um estranho e fico preocupada. Ou se alguém me faz um elogio não solicitado, e eu fico hesitante. Estou paranoica? Excessivamente desconfiada? Cética? Talvez. Como avaliar? Não acho que nossas reações iniciais sejam sempre confiáveis, mas sei que muitas vezes somos ensinados a ignorá-las, e muitas vezes também ensinamos nossos filhos a ignorar tais sentimentos.

Uma palavra que achei útil ao pensar sobre intuição é discernimento. O discernimento é uma capacidade de julgar ou perceber algo com precisão. É observar o que está acontecendo no momento, ainda que não esteja imediatamente claro, e tentar identificar o que você está vendo. O discernimento capta muitas pistas, detalhes e fatos de uma situação. É uma percepção de que algo errado ou estranho está acontecendo, mesmo que não saibamos articulá-lo na hora. Esta é uma habilidade que podemos ensinar aos nossos próprios filhos.

É algo sábio parar, observar e avaliar se uma situação de repente parece desconfortável ou "estranha" de alguma forma. Quando temos tempo para recuar ou processar, descobrimos que muitas vezes conseguimos expressar o que estávamos percebendo.

Considere as muitas vezes que fazemos isso como pais. Talvez você entre na sala e imediatamente sinta que algo está errado. Seu filho está lá e você pergunta o que está acontecendo. Ele não diz nada, mas parece um pouco nervoso. Você apenas sente que algo está "estranho". Se você estivesse com pressa ou preocupado, poderia simplesmente se virar e sair da sala. Ao desacelerar o momento, no entanto, poderia de repente começar a perceber mais detalhes. O controle remoto estava na mão do seu filho — era isso? Ele estava apenas assistindo à TV quando deveria estar fazendo a lição de casa? Você continua considerando: ele parecia nervoso e tinha uma expressão assustada no rosto; cobria os braços com um cobertor e você não via o que ele estava segurando. Quanto mais você pensa sobre isso, mais percebe que ele definitivamente parecia tenso e poderia estar segurando algo.

Você volta para a sala e pede para ver o que está nas mãos dele. Ele tira as mãos do cobertor, segurando seu celular. Você o tira das mãos dele, abre o histórico e descobre que ele estava assistindo à pornografia.

Ao contar a história para seu cônjuge, você fica tentado a atribuir isso à "intuição materna" ou ao "sentido-aranha" de um pai. Na verdade, porém, trata-se de percepção. Você estava reconhecendo vários fatos ao mesmo tempo e precisava de tempo para processar o que estava observando. Como você não descartou sua sensação de desconforto, conseguiu parar e considerar o que estava percebendo.

Um de nossos filhos sempre tem um ótimo "olhar de culpa" quando está fazendo algo errado. A pessoa comum pode não perceber. Aparece por uma fração de segundo e depois some, mas, quando vejo, sei o que significa. Ele acha que sou um detector de mentiras humano. Mal sabe ele que na verdade é ele quem se entrega; estou simplesmente prestando atenção nele.

Pais e cônjuges muitas vezes percebem coisas que os outros ignoram. Isso se deve a anos de convivência e observação da pessoa. Vem de observar como eles respondem quando estão com raiva, tristes, animados, culpados, envergonhados etc. É saber quando eles estão genuinamente surpresos e quando estão fingindo. É procurar sinais de que estão escondendo algo ou sendo transparentes. Quanto melhor conhecemos nossos filhos, melhor percebemos quando eles estão com dificuldades, e assim podemos intervir em sua vida.

O discernimento é uma palavra bíblica com a qual todos podemos nos identificar. Como mencionado anteriormente neste livro, Hebreus 5.14 mostra que pessoas maduras desenvolvem o discernimento por meio da prática constante de discernir o bem e o mal. Filipenses nos encoraja a crescer em amor, com conhecimento e percepção, para que possamos saber o que é excelente e puro (Fp 1.9-10).

Ele nos permite descobrir a verdade, seguir a direção de Deus e crescer em boas decisões (Rm 12.2). Também nos ajuda a discernir entre o bem e o mal e entre intenções ou motivações maliciosas e o que é virtuoso (Hb 4.12). Há aqueles que recebem o dom do discernimento, mas não estou me referindo a essa prática de uma forma a presumir que é preciso ter um dom especial de discernimento. Antes, estou usando a palavra conforme as Escrituras chamam a todos para discernir o bem e o mal, o certo e o errado (Os 14.9). É uma disposição para observar e sensibilidade ao que está ocorrendo, mesmo quando não sabemos descrevê-lo. Isso produz percepção e clareza; é praticado quando as situações e o comportamento das pessoas são observados e avaliados com precisão.

Em 1 Reis 3, o Senhor pede ao jovem e recém-coroado rei Salomão que lhe faça qualquer pedido que desejar. O pedido de Salomão é o seguinte: "Dá, pois, ao teu servo coração compreensivo para julgar a teu povo, para que prudentemente discirna entre o bem e o mal" (1Rs 3.9). O Senhor se agrada do pedido de Salomão e responde: "Eis que faço segundo as tuas palavras: dou-te coração sábio e inteligente" (1Rs 3.12). Salomão sabia que, por si mesmo, não tinha a profundidade de entendimento que levaria ao discernimento e à sabedoria. Isso pode e deve ser aprendido e praticado, distinguindo constantemente entre o bem e o mal. Também é algo que devemos estar dispostos a espelhar e ensinar aos nossos filhos.

PAIS DEVEM BUSCAR CRESCER EM SABEDORIA

A prática de discernir o certo e o errado leva a um coração sábio. Quanto mais crescemos em compreensão e conhecimento, mais sábios nos tornamos. Provérbios 1.5 nos encoraja: "Ouça o sábio e cresça em prudência; e o instruído adquira habilidade". Não podemos separar o crescimento em sabedoria do crescimento em conhecimento e compreensão, e não podemos separar o conhecimento e a compreensão da prática de discernir (distinguir) o certo e o errado.

O sábio discerne o bem e o mal e está ávido por crescer em conhecimento e compreensão.

Vivemos em um mundo onde o mal, a perversidade, o comportamento imoral, a pressão dos colegas, as tentações e provações estão todos batendo à porta. Haverá forças em ação para influenciar nossos filhos em direção à impiedade. Haverá aqueles que procuram usar e abusar de seus filhos — tanto adultos quanto seus colegas. Sabemos que existem forças em ação para desviar nossos filhos, enganar aqueles que são ingênuos, fracos, inocentes ou despreparados. Como vamos prepará-los? A resposta é: transmitindo conhecimento e compreensão para que eles possam ter sabedoria e discernimento. Somos chamados a julgar todas as coisas e reter o que é bom (1Ts 5.21).

Você permanecerá em silêncio, esperando que seus filhos não sejam tocados por tais forças? Então você é terrivelmente ingênuo. Seu silêncio apenas demonstrará aos seus filhos que você é inadequado ou incompetente para ajudá-los. Você vai ficar na defensiva, encolher o mundo deles e mantê-los abrigados? Dessa forma, no final, seu desejo de protegê-los irá prejudicá-los. Eles não terão a habilidade e o discernimento para responder às tentações e perigos.

Você colocará o proverbial "temor a Deus" neles, assustando-os com as duras realidades dos perigos existentes e encorajando um constante estado de alerta máximo? Nesse caso, você está causando o mesmo dano do qual espera protegê-los. Os jovens que crescem com uma sensação persistente de ansiedade não estão preparados, mas prejudicados. Seu medo os torna despreparados para discernir entre provações normais, preocupações menores e perigo genuíno. Antes, eles vivem num estado perpétuo de medo e alarme. É isso que você quer para seus filhos?

Viver em um mundo corrompido e caído significa que as crianças serão expostas ao mal, ao perigo e à imoralidade. Você não pode prevenir todo o mal, mas pode estar preparado para se proteger contra ele e pronto para responder-lhe. Não precisamos ser controlados por um espírito de medo, mas Deus nos deu um espírito de poder, amor e moderação (2Tm 1.7).

A resposta é o discernimento para saber o que é certo e errado, bom e mau, e sabedoria para responder. Como cristãos, devemos buscar a sabedoria de nosso Pai celestial no dia a dia e em meio às provações. Deus dá sabedoria generosamente quando pedimos. Tiago nos lembra: "Se, porém, algum de vós necessita de sabedoria, peça-a a Deus, que a todos dá liberalmente e nada lhes impropera; e ser-lhe-á concedida" (Tg 1.5).

Um discernimento orientado por Deus nos ajuda em todas as áreas da vida; a prática e a intelectual, no meio do sofrimento e da bênção. Ele nos orienta como lidar e responder em diversas situações. Quando buscamos sabedoria, Deus promete que ela será encontrada. Nos capítulos seguintes, discutiremos como a sabedoria e o discernimento dados por Deus podem ser aplicados para preparar seus filhos com as habilidades de segurança necessárias em nosso mundo. Porém, ao se preparar, lembre-se de continuar pedindo a Deus a sabedoria de que precisa e ensinar seus filhos a fazerem o mesmo. Ensine-os e creia de todo o coração que Deus será sua verdadeira proteção.

PARTE 2:

preparando

nossos filhos com
habilidades de segurança

Capítulo 4:
Ajudando os pais a reconhecer e proteger as crianças contra o abuso sexual

O homem de Belial, o homem vil, é o que anda com a perversidade na boca, acena com os olhos, arranha com os pés e faz sinais com os dedos. No seu coração há perversidade. (Pv 6.12-14)

O pior medo de muitos pais é o abuso de seus filhos pelas mãos de um agressor sexual. Nenhum pai quer pensar em seu filho tornando-se vítima de abuso. Contudo, embora muitos pais temam isso, poucos entendem onde está o perigo real e como preparar seus filhos para lidar com esse perigo. Imaginamos que um predador sexual é um estranho assustador esgueirando-se em corredores escuros. No entanto, a realidade diz que é mais provável ser alguém que conhecemos, talvez até alguém em quem confiamos.

A disseminação do abuso sexual infantil pode ser difícil de verificar, uma vez que muitos casos não são relatados. No entanto, muitos concordam que é muito maior do que poderíamos esperar. As estatísticas podem variar, mas permanecem bastante consistentes ao relatar os fatos. Uma em cada quatro meninas e um em cada treze meninos são vítimas de abuso sexual infantil. A faixa etária média dos relatos de abuso sexual vai desde os 9 anos até os mais novos, com 2 anos de idade. Quase 70% dos abusos relatados acontecem antes dos 17 anos. Em mais de 90% dos casos relatados de abuso sexual infantil, as crianças foram vitimadas por alguém que conheciam bem.[1]

Um estudo de David Finkelhor, diretor do Crimes Against Children Research Center [Centro de Pesquisa de Crimes contra Crianças], afirma estas estatísticas:

- Pouco mais da metade dos jovens (53%) já sofreram uma agressão física. A maior taxa de vitimação por agressão física ocorre entre 6 e 12 anos.
- Um em cada doze jovens (8,2%) sofreu vitimação sexual, incluindo agressão sexual (3,2%) e tentativa ou estupro consumado (2,2%).
- Pouco menos de 1/7 dos jovens enfrentaram maus-tratos quando crianças (13,8%). O estudo dividiu os maus-tratos em cinco categorias (abuso físico, abuso sexual, abuso emocional, negligência e sequestro familiar), dos quais o abuso emocional (xingamento ou hostilização por um adulto) foi a ocorrência mais frequente.[2]

Os pais tendem a pensar em um agressor sexual como algum indivíduo desconhecido "lá fora", rondando por trás das escolas e esquinas sombrias da sociedade. Parece mais fácil desviar a preocupação se a ameaça parece longe de

---

1 "Fast Facts: Preventing Child Sexual Abuse", *Violence Prevention, Centers for Disease Control and Prevention, National for Injury Prevention and Control*. Disponível em: https://www.cdc.gov/violence-prevention/childsexualabuse/fastfact.html (acessado em 17/2/2024).
2 David Finkelhor, Richard Ormrod, Heather Turner e Sherry Hamby, "The Victimization of Children and Youth: A Comprehensive, National Survey", *Child Maltreatment* 10, nº 1 (fev. 2005), p. 5–25. Disponível em: https://doi.org/10.1177/1077559504271287 (acessado em 17/2/2024).

nossos filhos e pode ser facilmente reconhecida. Se acreditarmos que um estranho, alguém de aparência hedionda, um ato escandaloso óbvio ou um "bandido" facilmente reconhecível é a principal ameaça, podemos ser levados a uma falsa sensação de segurança quando não vemos ninguém assim na vida deles.

Mas a triste realidade é que as más intenções muitas vezes se escondem em plena luz do dia. O mal pode e se disfarça de bem; se faz de reto, até mesmo moral e virtuoso. Ao mesmo tempo, uma pessoa propensa à predação sexual é muitas vezes mestre em esconder suas intenções de obter acesso a uma criança para sua própria satisfação sexual. Provavelmente, todos nós já interagimos pessoalmente com alguém com a intenção de prejudicar uma criança, mas, devido ao acaso ou a uma vigilância cuidadosa, nosso filho foi poupado de danos.

Com as mídias sociais e o aumento do uso de tecnologia por crianças, muitos caminhos se abriram para que os que possuem intenções maliciosas tenham acesso aos nossos filhos. Nós, pais, podemos estar tão concentrados em ensinar as crianças sobre o perigo de estranhos, que deixamos passar o que está acontecendo no ambiente familiar de nossa própria casa e comunidade.

Repetidas vezes, são as pessoas que as crianças conhecem e com quem interagem que molestam e machucam, não um estranho. É uma tia ou tio, um avô ou primo mais velho, uma babá que você ama e confia, ou um jovem voluntário que você admira. É crucial desfazer a mentalidade de que o perigo está "lá fora" em algum lugar. Essa crença nos impede de levar a sério a necessidade de proteger nossos filhos e nossa casa.

Você, como pai ou mãe, também será o alvo. Aqueles que desejam atacar seus filhos procurarão você e ganharão sua confiança. Eles terão empregos respeitáveis, parecerão corretos e falarão bem. Serão agradáveis, amigáveis, acessíveis e charmosos. Eles farão de tudo para se apresentarem como inofensivos, honestos e respeitáveis tanto quanto possível. Construirão relacionamento e confiança (com você e com seu filho) para ter acesso à vida dele. Eles se esforçarão para ganhar não apenas a confiança do seu filho, mas também a sua. Os molestadores de crianças sabem que, se uma criança contar, será difícil para os pais acreditarem, se eles também tiverem conquistado a confiança da família.

Nossa resposta inicial pode ser de negação: "De jeito nenhum, não acredito. Eu saberia." Contudo, nossa confiança pode nos impedir de aceitar a natureza do engano. Essa mentalidade nos cega para os sinais de alerta e impede que nossos filhos saibam como obter ajuda.

Anna Salter é autora e especialista no campo do abuso sexual infantil, e identifica nossa dificuldade para entender: "Caráter é o termo que aplicamos à continuidade que todos queremos ver entre o comportamento público e o privado. As pessoas agem de acordo com seu caráter — ou assim pensamos. 'Ele nunca faria algo assim', dizemos, balançando a cabeça. Mas o 'caráter' ignora a verdadeira questão do engano. Mesmo predadores violentos sabem bem manter seus comportamentos sob controle publicamente — a maioria deles, em geral."[3]

As Escrituras enfrentam o comportamento predatório diretamente: "Esses tais não servem a Cristo, nosso Senhor, e sim a seu próprio ventre; e, com suaves palavras e lisonjas, enganam o coração dos incautos" (Rm 16.18).

As Escrituras nos dão uma percepção do que aqueles que trabalham no campo do abuso infantil estão observando. Pessoas enganosas com más intenções apresentam certos trejeitos. As pessoas agirão de certa maneira, enquanto tramam males. Enganarão falando de paz, enquanto abrigam o mal no coração; tentarão ganhar seu favor e encantá-lo, mas é pura ilusão.

Podemos nos tornar sábios e discernir essas coisas se estivermos dispostos a olhar para as realidades desconfortáveis. As pessoas enganam por diferentes razões: golpistas enganam sua família para ganhar dinheiro, um vendedor de carros trapaceiro engana para obter uma comissão, um funcionário engana para ficar em casa e não trabalhar, sua filha engana você para ir a festas com amigos, um filho engana para esconder suas notas baixas. O engano pode ser encontrado em todos nós, por várias razões. Mas a intenção de um agressor sexual é muito mais grave, e as consequências para uma criança são muito maiores.

---

3 Anna Salter, *Predators, Pedophiles, Rapists and Other Sex Offenders: Who They Are, How They Operate, and How We Can Protect Ourselves and Our Children* (Basic Books, 2003).

Nem sempre sabemos a razão pela qual alguém nos engana, mas podemos nos tornar mais atentos aos seus sinais. Podemos prestar mais atenção às palavras e ações das pessoas. Podemos começar a observar padrões e comportamentos que não se encaixam. Podemos perceber quando nos sentimos desconfortáveis ou incertos e parar para nos perguntarmos o motivo.

Um adulto que abusa sexualmente de uma criança não acorda um dia e decide abusar de uma criança. Não é um ato impulsivo; são desejos malignos que foram fomentados e desenvolvidos até alguém conspirar para agir. Muitas vezes, há anos de desejos corrompidos que não foram controlados nem tratados. Não podemos saber o que se passa no coração, mas podemos conhecer os sinais para proteger nossos filhos de abusos.

Podemos preparar e proteger a nós mesmos e nossas famílias, entendendo tanto a natureza dos desejos corrompidos quanto os sinais de comportamento enganoso.

A NATUREZA DO DESEJO CORROMPIDO E DO ENGANO

A tentação e o desejo existem dentro de cada um de nós. Não podemos ver dentro do coração de alguém para saber quais tentações ameaçam atrair essa pessoa, mas sabemos que ceder à tentação e alimentá-la dão origem a todos os tipos de apetites e comportamentos destrutivos. A Bíblia explica assim: "Cada um é tentado pela sua própria cobiça, quando esta o atrai e seduz. Então, a cobiça, depois de haver concebido, dá à luz o pecado; e o pecado, uma vez consumado, gera a morte" (Tg 1.14-15).

As Escrituras nos ajudam a entender como alguém — mesmo alguém que conhecemos e amamos — pode ser seduzido e corrompido pelo desejo, e o desejo descontrolado dá origem ao pecado. Os desejos se tornam corrompidos muito antes de podermos ver o mau comportamento. Achamos que algo nos dará uma dica; contudo, a natureza do engano é esconder o que está se desenvolvendo antes que as ações o demonstrem.

Tomemos, por exemplo, um jovem exposto à pornografia. Ele não sabe o que fazer ou pensar, mas aquilo provocou sentimentos e reações que ele não está preparado para administrar. Se ele não buscar um adulto para obter ajuda e interpretação, terá de entender tudo isso sozinho. Muitas vezes, ele cai em problemas com a lascívia. Em que momento isso será exposto? Os pais tomarão conhecimento? Agora imagine que a mesma criança passe semanas, meses e até anos sem que ninguém saiba; o que isso faz com ela ao longo desse tempo?

Em muitos casos, um jovem que foi seduzido pela pornografia procura maneiras de praticar os atos sexuais que está vendo. Isso pode ser com um colega consensual. Pode ser com um irmão ou irmã a quem ele tem acesso imediato e pode persuadir sem dificuldade. Pode ser com um adulto que conheceu na internet e está procurando por ele. O perigo não está "lá fora"; pode estar até mesmo dentro de nós. Entender isso nos ajudará a aceitar a possibilidade de que alguém próximo a você pode ser corrompido.

Não podemos saber o que se passa na vida e no coração de outra pessoa, mas podemos escolher não ser ingênuos a respeito. Você pode optar por procurar entender a natureza do autoengano, do aliciamento, do abuso e de um coração voltado para o mal. Uma vez que nos dispomos a considerar tais coisas, podemos começar a nos preparar e preveni-las. A realidade do perigo, dos maus-tratos e do abuso pode nos paralisar de medo ou nos mover ao preparo para reconhecer e reagir. Eu quero encorajar você a escolher a segunda opção. Você pode ter sabedoria e discernimento. Você também pode estar preparado.

SINAIS DE ALERTA DE ALICIAMENTO

Uma vez que seu filho tem maior probabilidade de ser abusado por alguém que conhece e confia, como você identifica essa pessoa? Você precisa estar alerta e atento ao que é chamado de *comportamentos de aliciamento*: estratégias usadas para construir confiança e atrair uma criança para uma situação abusiva. Aqui estão alguns exemplos de aliciamento:

- Uso gradual de afeto
- Tratar uma criança como colega
- Cruzamento de limites físicos
- Subornos ou presentes
- Favores ou atenção especial
- Manipulação
- Ocupar ou criar um papel na vida da criança
- Elogios, inflar a autoestima de uma criança
- Isolamento e controle sobre uma criança
- Motivos crescentes para passar tempo com a criança

No início, alguns desses comportamentos parecem ser atos genuínos de bondade. Qualquer adulto respeitável e bem-intencionado pode fazer várias dessas coisas: fazer uma criança se sentir especial, elogiar, conquistar sua confiança etc. Como conselheira, trabalho para conquistar a confiança dos jovens, ganhar o favor de sua família e passar tempo a sós com uma criança. No entanto, há muitas coisas que você e eu não faríamos (ou não deveríamos fazer): inflar a autoestima de uma criança, isolar ou controlar uma criança, cruzar limites físicos etc. A intenção e os motivos são importantes, mas, em caso de incerteza, preste muita atenção ao comportamento. Quanto mais você está atento ao comportamento, mais isso lhe dá liberdade para distinguir o motivo. Na incerteza, a sabedoria nos chama a tomar precauções e limitar a continuidade de comportamentos estranhos e inadequados.

Quando alguém tenta aliciar uma criança, pode não ser óbvio no início. Contudo, quando você presta mais atenção em quem está envolvido na vida do seu filho e por quê, você percebe mais. Você pode notar que é a terceira vez que sua sobrinha pede para levar seu filho ao parque sozinha. Você percebe o tio segurando seu filho no colo com mais frequência do que antes, e como ele parece um pouco carinhoso demais. Você começa a perceber e se sentir menos confortável, pois você se permitiu perceber.

Eu uso a palavra "perceber" porque ela nos permite prestar atenção, considerar algo que parece "estranho" ou irritante para nós, e nos permite então avaliar (ou discernir) o que estamos percebendo. Isso pode se aplicar ao amigo da família que frequentemente pede para passar um tempo sozinho com seu filho ou filha, o pastor de jovens que escolhe um adolescente e começa a mimá-lo com presentes e passeios especiais, ou o tio cujo carinho o deixa desconfortável.

PRECAUÇÕES PARA DIMINUIR A VULNERABILIDADE

Em virtude da idade, tamanho e desenvolvimento, todas as crianças são vulneráveis. Mas as crianças com deficiência são ainda mais vulneráveis a predadores sexuais. Algumas dessas crianças não têm o mesmo nível de compreensão, discernimento ou mesmo força física de seus colegas. Cada criança com deficiência tem diferentes necessidades, vulnerabilidades, pontos fortes e fracos. Isso significa que cada criança e situação são únicas e exige que os pais sejam atenciosos, tanto na compreensão da sua necessidade de ajuda quanto na melhor forma de prepará-la.

Seja qual for a situação de nossos filhos, há precauções que podemos tomar para diminuir a vulnerabilidade das crianças e mantê-las seguras. Começamos por considerar quem são as pessoas seguras que podem ajudar a cuidar de crianças vulneráveis. Podem ser os parentes, um pediatra, professores ou um cuidador de crianças. Criar um plano é um bom ponto de partida quando se pensa em como manter as crianças a salvo de danos sexuais, *bullying*, manipulação ou abuso. Ser proativo, e não amedrontado, ajudará a nós e a nossos filhos a nos sentirmos confiantes em relação à segurança. É importante ter em mente a praticidade e a capacidade de cada criança para seguir o plano de segurança.

Por exemplo, se uma criança tem limitações cognitivas, você deve considerar o que ensinaria a ela se estivesse sozinha em casa e precisasse de ajuda. Existe uma lista de números para ligar? Ela saberia como decidir para quem ligar? Se um estranho aparecesse dizendo que você lhe deu permissão para entrar na casa, ela saberia o que fazer ou dizer? Se houvesse um incêndio, saberia que ações tomar — como pedir ajuda, para onde ir ou como sair com segurança? Se não, talvez ela não esteja pronta para ser deixada sozinha. Você deve estar certo de que seu filho tem a capacidade e o conhecimento para lidar com tais situações.

Como pai ou mãe, você deve garantir que suas instruções sejam as mais claras e concretas possíveis. Quando as instruções forem simples, eles saberão o que fazer e podem facilmente seguir as etapas, mas também precisam ser capazes de se adaptar a diversas possíveis armadilhas. Se não devem deixar ninguém entrar na casa, eles entendem que essa regra também se aplica a pessoas que eles conhecem? Existem exceções à regra? Eles sabem quais são essas exceções e quando são válidas? O que eles devem fazer se estiverem incertos? Falarei mais sobre o assunto em capítulos posteriores.

Os pais também devem conversar abertamente com a família e os cuidadores sobre a maneira como educamos nossos filhos sobre sexo e sexualidade e sobre privacidade e toque (consulte o Capítulo 5 para saber mais). Deixe os cuidadores de seu filho saberem que você ensina e fala proativamente sobre esses assuntos. Isso os tornará cientes de que você está observando e se preocupando com essas coisas. Isso também os ajudará a saber quais são as expectativas e como podem fazer parte da segurança de seus filhos. Peça aos cuidadores do seu filho que respeitem seu espaço pessoal e o nível de cuidado que seu filho requer.

É essencial que seu filho aprenda a pedir ajuda — e a quem pedir. Crianças pequenas, crianças com deficiência e até mesmo o aluno comum precisam saber como pedir ajuda. Por exemplo, o caso de uma criança que tem uma deficiência física que demanda ajuda para ir ao banheiro. Encene com seu filho quem pode ajudá-lo, quem ele pode buscar para pedir ajuda, como deve ser a ajuda, como não deve ser a ajuda e o que fazer se ele se sentir desconfortável. Se um jovem de 14 anos se perder na rua ou precisar de uma carona para algum lugar, converse com ele sobre como tomar uma boa decisão ao entrar no carro com um colega ou aceitar uma carona de um adulto, e com quem ele deve entrar em contato antes de entrar em um carro com alguém. A lista pode continuar com o que você espera que eles façam ao pedir ou receber ajuda.

Aborde as vulnerabilidades específicas do seu filho. Determine qual deve ser o nível de privacidade e qual o nível de conforto ao permitir que outras pessoas os ajudem. Ajuste suas diretrizes e expectativas familiares às necessidades específicas de seu filho. Talvez uma regra familiar seja que ninguém deve estar com seus filhos quando eles estão se vestindo. No entanto, uma criança com deficiência pode precisar de ajuda. É importante explicar a outras crianças por que seu irmão com deficiência terá uma exceção à regra e discutir como suas necessidades específicas podem ser acomodadas de forma que ele fique seguro. Convide os irmãos para a conversa, para que eles possam fazer parte do plano (quando apropriado), servir como um recurso de ajuda ou saber quando relatar caso algo esteja errado.

Faça uma encenação com seu filho sobre o que está certo e o que não está. Por exemplo, se seu filho precisar de ajuda no banheiro, esclareça que não há problema se alguém ajudar a abrir o zíper da calça, ajudar a limpar ou ajudar a vesti-lo depois de usar o banheiro. Todavia, explique que não está certo se um ajudante abaixar suas calças ou tocar em seus órgãos genitais. As crianças geralmente não pensam em coisas que não experimentaram e podem ser pegas desprevenidas. Falar claramente sobre o que está e o que não está certo é muito importante para ajudar uma criança a se preparar para o inesperado.

Dê outros exemplos também. Se o seu filho precisar de ajuda com o banho e a higiene pessoal, pode ser correto que um cuidador o ajude a se despir, entrar na banheira ou no chuveiro, ou o ajude a sair e se secar quando necessário, mas não é correto se despir em qualquer outro lugar. Incentive a criança a ter suas próprias sugestões. Incentive-a a discutir coisas com as quais possa precisar de ajuda, o que seria útil e bom e o que estaria errado. Isso ajudará seu filho a reconhecer e reduzir a vulnerabilidade a danos ou abusos. Empenhe-se em ser constante com seus filhos ao ensinar o que é bom e responder ao que é mau.

Sua situação, sua família e seus filhos podem ter diferentes graus de maturidade, habilidades ou vulnerabilidades, exigindo que você tome os princípios descritos aqui e aprenda a contextualizá-los em sua casa e circunstâncias. Isso toma tempo, reflexão, conversa e prática, mas produz benefícios que valem a pena. Quando você estiver indeciso, busque ajuda; Deus lhe dará sabedoria e preparará você para toda boa obra. Ao fazer isso, lembre seus filhos (e a si mesmo) de que somos chamados a ter sabedoria e discernimento, mas ao mesmo tempo a confiar que Deus é nossa proteção final. Ore com seus filhos e por eles para que o Senhor lhes dê um coração perspicaz e os proteja de todo tipo de mal. Tornar essas questões tema de oração ensinará seus filhos (e você!) a quem recorrer para obter a ajuda necessária para lidar sabiamente com nosso mundo.

Capítulo 5
ENSINANDO AS CRIANÇAS A AVALIAR COMPORTAMENTOS

Não há árvore boa que dê mau fruto; nem tampouco árvore má que dê bom fruto. Porquanto cada árvore é conhecida pelo seu próprio fruto. Porque não se colhem figos de espinheiros, nem dos abrolhos se vindimam uvas. O homem bom do bom tesouro do coração tira o bem, e o mau do mau tesouro tira o mal; porque a boca fala do que está cheio o coração. (Lc 6.43-45)

Há não muito tempo, levei meus dois filhos ao pediatra para a consulta anual. O médico estava passando por sua rotina normal de perguntas de segurança: "Você usa capacete ao andar de bicicleta? Você usa cinto de segurança no carro? Você conhece o perigo dos estranhos?" Meus meninos se viraram para olhar para mim. Eu interrompi: "Na verdade, não ensinamos aos nossos filhos o perigo de estranhos, porque é um mito". "O que você quer dizer?", perguntou ele.

Expliquei que era conselheira e as pesquisas mostram que as crianças têm mais chances de serem abusadas por pessoas que conhecem, não por estranhos. Em vez disso, ensinamos nossos filhos *como* falar com estranhos. Caso se percam ou precisem de ajuda, eles precisarão ser capazes de se aproximar de alguém que não conhecem para obter ajuda. Não queremos que nossos filhos tenham medo de estranhos; queremos que eles estejam preparados para lidar com estranhos. Pode haver situações em que eles precisem se aproximar de um estranho e pedir ajuda, e eles precisam saber o que é apropriado compartilhar ou não.

As estatísticas não mentem: as crianças têm mais chances de serem abusadas por alguém que conhecem do que por um estranho. Como já mencionado, mais de 90% das vezes, quando crianças são molestadas, é por alguém que elas conhecem pessoalmente.[1] Sim, sequestros e raptos acontecem. No entanto, com mais frequência, é um tio, padrasto, avô, primo, sobrinho, pastor, vizinho ou treinador que se aproxima de nossos filhos com intenções erradas.

Também é difícil para as crianças pequenas saberem quem é um estranho. A garçonete do restaurante é uma estranha? O caixa do banco ou o balconista da loja? E o carteiro ou vizinho no final da rua? Uma hora, as crianças aprendem que ou ninguém é um estranho, ou todos são indignos de confiança; nenhuma das opções é útil.

O autor Gavin de Becker diz, sobre nunca falar com estranhos: "A regra tem como objetivo fornecer proteção no caso de a criança estar sozinha em algum lugar, mas, como o pai ou a mãe está presente, então que diferença faz se uma criança pequena fala com um estranho? A ironia é que, se seu filho se perde em público, a capacidade de falar com um estranho é, na verdade, o maior trunfo que uma criança poderia ter." De Becker continua dizendo: "As crianças que são criadas pensando que todos os estranhos são perigosos não desenvolvem suas próprias habilidades pessoais em avaliar comportamentos."[2]

---

1 "Fast Facts: Preventing Child Sexual Abuse", *Violence Prevention, Centers for Disease Control and Prevention, National for Injury Prevention and Control*. Disponível em: https://www.cdc.gov/violence-prevention/childsexualabuse/fastfact.html (acessado em 17/2/2024).
2 Gavin de Becker, *Protecting the Gift: Keeping Children and Teenagers Safe (and Parents Sane)* (Nova Iorque: Random House, 2020), p. 82–83.

Ele traz uma excelente questão. Se estamos com nossos filhos e os mantemos seguros, então qual é o mal de conversar com estranhos? Na verdade, é importante que as crianças tenham a habilidade de discernir como falar com pessoas que não conhecem e o que é apropriado compartilhar. Além disso, estamos sempre quebrando a regra, quando pedimos que digam ao garçom o que querem do cardápio ou falem com o caixa ao pagar por um brinquedo. Interações básicas e educadas são habilidades para a vida que devemos ensinar aos nossos filhos. A capacidade de pedir uma refeição, pedir ajuda em uma loja ou saber quando uma informação pessoal não deve ser dada ajudará os jovens a se tornarem hábeis em lidar com as interações sociais. Precisamos dar o exemplo de como e o que falar aos estranhos que encontramos. Dar às crianças a confiança para se relacionar bem com as pessoas e saber o que é apropriado compartilhar constrói competência. Isso não as torna menos seguras, mas sim protegidas e mais bem preparadas para pedir ajuda caso estejam em apuros e longe de nós.

APRENDENDO A IDENTIFICAR O PERIGO

Dizemos aos nossos filhos: "Estranhos não são perigosos; pessoas perigosas são perigosas." Pessoas perigosas podem ser um estranho, ou podem ser alguém que você conhece — até mesmo alguém próximo a você. Como saber se alguém é perigoso? Você observa suas ações e ouve suas palavras; você avalia seu comportamento.

Muitas vezes, se perguntássemos a uma criança como saber se um estranho é perigoso, ela começaria descrevendo a aparência da pessoa: visual desleixado, um olhar carrancudo e sinistro no rosto, excessivamente tatuada ou grande e vestindo roupas escuras. Talvez dirija um carro velho e quebrado. Talvez a criança passasse a descrever as ações de uma pessoa perigosa. Tal pessoa, obviamente, agiria de forma suspeita — até mesmo desonesta. Seria manipuladora, obscena ou tentaria causar ferimentos, certo?

Errado. Muitos indivíduos imorais se apresentarão como alguém bem apessoado, bem-vestido, educado e charmoso, mas com intenções maliciosas. Eles se apresentarão como simpáticos, inofensivos e normais. Parecerão acessíveis, inofensivos e bem-educados. Pode ser um adulto tentando ter acesso à vida de seu filho ou um dos colegas tentando fazer amizade com seu filho ou sua filha; uma pessoa perigosa provavelmente não se encaixará no estereótipo de "vilão". As crianças precisam de ferramentas para avaliar o comportamento de uma pessoa e discernir se ela está evidenciando bom ou mau caráter.

Uma vez li um livro sobre como detectar mentiras. Ele descreve um projeto de pesquisa interessante em que uma variedade de profissionais e pessoas ao longo da vida foram avaliados por sua capacidade de detectar uma mentira. Eles pesquisaram advogados, agentes do FBI e da CIA, professores, médicos, estudantes universitários etc. O resultado foi muito interessante. Descobriu-se que os agentes do FBI não eram melhores em detectar uma mentira do que um estudante universitário.[3] Surpreendente, não é? Isso demonstrou como pode ser difícil ler bem as pessoas ou detectar enganos.

Ler e estudar sobre esse assunto me ajudou a trabalhar a habilidade de perceber — ouvir o que as pessoas dizem e não dizem, o que alguém está fazendo ou não fazendo —, e isso me mostra o que realmente está acontecendo em uma situação. No entanto, constantemente fico surpresa com as coisas que deixo passar. Meus filhos pensam que sou um detector de mentiras humano, mas eles com certeza já me enganaram muitas vezes. Eu penso que conheço um indivíduo, mas então ele faz algo que me choca. A realidade é que não somos tão perceptivos quanto gostaríamos de crer. Aceitar isso será bom para nós. Será um lembrete de que nem sempre podemos saber o que se passa no coração humano. Podemos apenas crescer em discernimento e atenção.

Muitos pais cujos filhos foram molestados têm dificuldade para entender como podem ter ignorado isso. Como não sabiam que aquele membro tão

---

3 Paul Eckman, *Telling Lies: Clues to Deceit in the Marketplace, Politics, and Marriage* (Norton & Company, Incorporated, W.W., 2009), p. 285.

amado da família ou o ministro tão admirado os enganava? Muito desse choque procede da crença de que podemos confiar nas pessoas que conhecemos e acreditar no que elas nos apresentam. "Ele sempre foi tão gentil"; "Ele parecia tão sincero e confiável". Tendemos a acreditar que a *persona* pública de alguém é a sua *persona* real, ou que, se não for, de alguma forma seremos capazes de notar. Duas passagens nas Escrituras ilustram isso:

> Os ímpios [...] falam de paz ao seu próximo, porém no coração têm perversidade. (Sl 28.3)

> Esses tais não servem a Cristo, nosso Senhor, e sim a seu próprio ventre; e, com suaves palavras e lisonjas, enganam o coração dos incautos. (Rm 16.18)

Quando aceitamos que podemos ser enganados e somos enganados por outros, é menos provável ignorarmos os comportamentos preocupantes. Estaremos menos propensos a viver em negação e mais dispostos a enfrentar possibilidades dolorosas.

AVALIANDO O COMPORTAMENTO

Anos atrás, minha família estava em um restaurante de um shopping local. Eu, meu marido e nossas duas filhas estávamos sentados a uma mesa em uma cabine enquanto nosso filho mais novo, então com 2 anos de idade, estava sentado em uma cadeira alta na ponta. A uma mesa de distância de nós estavam duas mulheres almoçando. Pedimos comida e nos sentamos, conversando e comendo. As duas mulheres ao nosso lado estavam sentadas, comendo e interagindo, enquanto o garçom ia e voltava entre nossas mesas.

Passados cerca de 20 minutos, uma das mulheres se levantou e passou por nós em direção ao banheiro; de repente, ela deu a volta, apoiou o braço sobre a cabine atrás de mim, sorriu e disse: "Oi, tudo bem? Vocês saberiam dizer quanto custa o bufê de salada?" Ela então olhou para meu filho de 2 anos, acariciou sua bochecha e disse: "Ele é tão fofo. Qual o nome dele?"

Fui pega de surpresa e fiquei incomodada pela estranheza de suas perguntas, mas não consegui entender o motivo. Olhei para o meu marido, que estava mordendo um hambúrguer, e olhei para a mulher, dei de ombros e disse que não sabia quanto era o bufê de salada, mas ela poderia perguntar ao garçom. Ela respondeu repetindo a pergunta: "Ah, sim, ele é muito fofo, qual é o nome dele?". Ela estava acariciando a cabeça dele.

Mais uma vez, olhei para meu marido, que ainda estava mastigando seu hambúrguer. Sentindo-me ainda mais desconfortável, mas sem entender completamente o porquê, me vi hesitante em saber como responder e balbuciei algo como: "Você está me deixando desconfortável." A mulher respondeu: "Ah, bem, aproveite seu almoço", voltou para a mesa dela e se sentou.

Sirenes de alerta estavam soando na minha cabeça, e, enquanto eu olhava para o meu marido em busca de uma resposta, uma das minhas filhas falou (alto o suficiente para qualquer um ouvir): "Bem, isso foi estranho!".

Meu marido não se incomodou com a interação. Uma mulher inofensiva estava conversando conosco durante o almoço, em um espaço público. Nada de mais. Eu ainda me sentia desconfortável e até mesmo desconfiada com tudo aquilo, mas a princípio não conseguia articular razões para isso, até que comecei a processar tudo em voz alta com ele no caminho para casa.

Por que aquilo me incomodou? Enfim, aquilo sequer tinha alguma importância? Nosso filho nunca esteve realmente em perigo. Estávamos em um lugar público e ambos os pais estavam sentados ao lado dele. Meu marido teria sido um forte oponente se ela tivesse tentado pegar ou levar nosso filho. Fico muito feliz que o final da história não tenha sido trágico, mas ainda havia algo errado.

Uma pessoa se aproximou de nós com um pretexto, embora aparentemente inofensivo. Seria fácil ignorar que ela era uma completa estranha tocando meu filho se isso pudesse ser justificado como um interesse inocente ou falta de traquejos sociais. No entanto, ao parecer que estava indo ao banheiro, dar a volta e inventar uma pergunta que na verdade não precisava ser respondida, ela nos informa que suas intenções não eram o que pareciam ser. Ela disfarçou o que realmente queria: informações pessoais sobre um de nossos filhos. Importa que ela quisesse saber o nome dele? Nunca saberei, pois não dissemos, nem sei se teria importado caso tivéssemos dito.

O que eu sei é que ela não estava sendo franca, e seu comportamento e palavras demonstraram isso. Havia razões para as sirenes de alerta soarem, mesmo que eu não soubesse articulá-las no momento. Mas não precisava descobrir as intenções dela; bastava apenas avaliar seu comportamento.

Nosso filho esteve em perigo? Provavelmente não. A pessoa estava agindo com interesse sincero? Certamente não. Diante dos fatos, era correto reagir com clara desconfiança. Eu podia não conhecer os seus propósitos exatos e, felizmente, nem precisei. Só precisava considerar o que realmente estava ocorrendo e responder de acordo.

Considere quantas vezes você e eu nos sentimos desconfortáveis com algo que está acontecendo, mas, por não sabermos descrever exatamente o motivo, rapidamente descartamos como algo infundado. Dizemos a nós mesmos que nossas preocupações são descabidas. Nossa disposição de desconsiderar as preocupações porque não podemos explicar o motivo pode não levar a nada além de um final sem agravos em uma interação (como na minha história), mas também pode levar a resultados trágicos. É muito melhor tomar medidas para evitar uma situação potencialmente prejudicial quando você se questiona quais são as intenções de alguém, do que viver com o arrependimento de ignorar suas preocupações e descobrir que a intenção era causar danos.

Devemos estar dispostos a notar coisas que parecem fora de lugar, e ao mesmo tempo sempre conscientes de que podemos não saber o que fazer com o que notamos. Você não quer ser alarmista nem exagerar. Talvez a melhor abordagem seja começar com uma disposição para notar. Isso significa a disposição em dar um passo atrás e observar o que está acontecendo. Não precisamos imediatamente atribuir valor, seja bom ou ruim; estamos simplesmente dispostos a prestar atenção e fazer mais perguntas.

É compreensível que uma criança pequena ou mesmo um adolescente não tenha naturalmente tais habilidades de discernimento. É algo que vem com treinamento e prática. É por isso que, como pais, devemos ensinar aos nossos filhos ferramentas para avaliar comportamentos incomuns.

Observe que a chave é avaliar o comportamento, não o caráter. As pessoas que pretendem enganar tentarão se apresentar como ovelhas: inocentes, inofensivas, amigáveis e confiáveis. Não fica imediatamente claro, mas, se aprendermos a observar, ouvir e avaliar, suas ações trairão suas intenções.

Jesus nos orienta a avaliar as pessoas não pela forma como elas se apresentam, mas pelo que fazem de fato. Como ele diz, a pessoa boa fará o bem. A pessoa má fará o mal (Lc 6.43-45). Ele chama o que as pessoas fazem de fato como o "fruto" de suas vidas. O "fruto" ou comportamento na vida de uma pessoa revelará seu verdadeiro caráter. Os jovens precisam da habilidade de avaliar as palavras e ações das pessoas para determinar a confiabilidade, e mesmo assim pode ser algo desafiador.

QUANDO AS CRIANÇAS PODEM E DEVEM DESAFIAR ALGUMA AUTORIDADE

Ensinar os mais jovens a avaliarem o certo e o errado os ajuda a começar a enfrentar influências negativas, seja de um colega ou de um adulto. Passamos grande parte do nosso tempo ensinando obediência e submissão às crianças (corretamente), mas também precisamos ensinar-lhes quando elas podem e devem desafiar alguém em posição de autoridade — ou em qualquer posição.

Começamos a apresentar esse princípio para nossos filhos pequenos, dizendo-lhes o seguinte:

"Se alguém lhe mandar fazer o que é certo, você deve sempre ouvir. Não importa se é a vovó, o tio Davi, a babá, seu treinador, seu irmão mais novo ou o cachorro da família (para efeito cômico!). Se for a coisa certa a fazer, você deve sempre fazer, não importa quem esteja mandando. Qual é o princípio? Fazer o que é bom e certo é mais importante do que quem está dizendo para você fazer isso."

Da mesma forma, dizemos também: "Se alguém lhe manda fazer algo errado, você nunca deve fazer isso, e nós apoiaremos você — seja seu professor, treinador, professor da escola dominical, irmão, amigo ou avô. Se estiver errado, você nunca terá de obedecer, e nós apoiaremos você". O princípio aqui é: se algo está errado, você nunca tem de seguir, não importa quem mande. As crianças aprendem que a desobediência traz consequências. Portanto, é crucial que nossos filhos saibam que sempre os apoiaremos se desafiarem a autoridade por um bom motivo.

É aqui que a conversa encorajadora e a encenação de papéis se tornam tão importantes. Não basta simplesmente dizer: "Se alguém lhe mandar fazer algo errado, você nunca deve obedecer, e nós apoiaremos você." Devemos falar repetidamente, dar exemplos e deixá-los fazer perguntas.

Como estamos (assim esperamos) cercando nossos filhos apenas com aqueles que lhes mandam fazer o que é certo, pode ser confuso para a criança saber ou acreditar que ela tem nossa permissão para desafiar a autoridade. É por isso que é necessário dar exemplos de como essas situações poderiam acontecer. Aqui estão alguns exemplos:

Escolha o nome de um parente ou de alguém que a criança conheça bem.

> Pai/mãe: "Se Cátia, a babá, lhe mandar fazer algo errado, você nunca terá de obedecer, e nós apoiaremos você. Ou seja, não ficaremos com raiva de você, e você não terá problemas por se recusar a obedecer."
>
> Criança: "Mas a Cátia não nos mandaria fazer nada de errado."
>
> Pai/mãe: "Espero que não, e ela é uma boa babá. Mas, se ela lhe mandar fazer algo errado, você nunca precisa obedecer, e nós apoiaremos você. O que seria algo de errado que a Cátia pediria para você fazer?"
>
> Criança: "Não sei. Mentir?"

Pai/mãe: "Sim, talvez. Sobre que tipo de coisas ela (ou alguém) pode pedir para você mentir? Talvez ela deixe você ficar acordado até mais tarde do que deixamos ou dê sobremesa e mande mentir para nós. O que mais ela poderia dizer ou fazer?"

Criança: "Talvez ela nos diga que podemos fazer algo que sabemos que você não nos deixaria fazer, ou que não é seguro, como brincar na garagem perto das ferramentas do papai?"

Pai/mãe: "Ótimo! Coisas desse tipo. Agora, e se ela mandasse você bater no seu irmão?"

Criança: "Isso seria ruim!"

Pai/mãe: "Certo! E você poderia recusar. Assim como se ela mandasse você pegar algo que não tem permissão para ter. Agora, e se ela dissesse para você correr pelo meio da rua cacarejando como uma galinha ou passar creme de amendoim no cabelo do seu irmão?"

Criança rindo: "Isso é bobagem. Ela não iria fazer isso."

Pai/mãe: "Provavelmente não, mas, se ela disser, você nunca deve obedecer. Que outras coisas bobas ela poderia mandar você fazer?" Faça as crianças pensarem em ideias.

Pai/mãe: "E se ela pedisse para você tirar a roupa na frente dela? Ou para você tomar um banho com ela?"

Criança: "Eca, ela não faria isso; isso é ruim."

Pai/mãe: "Sim, é ruim, e espero que ela nunca faça isso. Porém, se um adulto como Cátia, ou o vovô, ou um primo pedir para você fazer qualquer uma dessas coisas, você deve sempre dizer 'não' e imediatamente contar para nós ou para outro adulto. Nós sempre vamos apoiar você."

Como adulto, você está expondo de que maneiras alguém pode incentivá-los a fazer o que é errado: do improvável ou bobo até cenários sérios e assustadores. Em seguida, observe como seu filho responde a cada um desses cenários. Isso revelará suas tendências a reagir ou não, e revelará suas vulnerabilidades. Também ajudará você a saber como conduzi-los em tais situações.

Você pode fazer disso um jogo chamado "O que você faria?". Todos se revezam na criação de cenários, tentando pensar qual seria a coisa certa a fazer. É essencial que você use situações comuns e cotidianas e, em seguida, passe a descrever situações cujas implicações eles podem não ser capazes de entender, mas podem acontecer. Deixe as crianças criarem as suas próprias também. As crianças muitas vezes se baseiam em sua própria experiência; assim, você pode aprender o que elas estão enfrentando com os colegas e no dia a dia.

Faça perguntas ou permita que eles tentem pegar você com situações de "O que você faria?". Um dos meus filhos sempre tentava encontrar falhas na minha lógica. Ele dizia coisas como: "Bem, e se não soubermos se o que eles estão nos pedindo para fazer é bom ou ruim?" Eu respondia: "Ótima pergunta. O que pode ser um exemplo disso?". Refletimos e pensamos nas possibilidades juntos. E, quando tudo mais falhar, diga-lhes: "Se você não sabe se o que uma pessoa está fazendo é certo ou errado, procure outro adulto e pergunte a ele". Isso convida outros adultos a tomar conhecimento da situação e intervir quando necessário.

O que está acontecendo aqui? As crianças estão aprendendo a avaliar o certo e o errado, independentemente da pessoa no cenário. Para alguns de nós, pode parecer contraintuitivo. Se eu falar com as crianças sobre coisas difíceis, não vou gerar medo nelas? Elas não ficarão mais assustadas? Muito pelo contrário. Quando os pais fazem isso bem, as crianças não aprendem a ter medo, porque não estamos dando exemplo de medo. Com a orientação de pais e adultos seguros e amorosos, as crianças são educadas e preparadas para possíveis situações problemáticas. Elas estão se tornando competentes para enfrentar os desafios da vida.

MAIS MANEIRAS DE AJUDAR AS CRIANÇAS A DISCERNIREM COMPORTAMENTOS PROBLEMÁTICOS DE OUTRAS PESSOAS

O que pode ser um comportamento problemático a ser observado em um colega ou adulto? Aqui estão alguns:

- Quando um comportamento é forçado sobre outro indivíduo.
- Quando uma criança é muito rude, seja por meio de brincadeiras ou afeto forçado.
- Quando alguém se aproxima de você enquanto você está trocando de roupa.
- Quando alguém incentiva a ir a lugares privados ou ocultos, como banheiros, galpões, tendas, sob brinquedos de parques, atrás de carros estacionados etc.
- Pressão ou intimidação de qualquer tipo.
- Quando alguém persiste em contato físico agressivo, não responde a indicações sociais ou ignora a palavra "não".
- Comportamentos de *bullying*, como pegar a comida, o dinheiro ou os pertences de alguém, empurrá-lo, zombar ou caçoar de outros.
- Conversa sexual ou comportamentos inadequados.
- Comportamentos imprudentes, como abuso, drogas, *vaping*, fumo etc.
- Quando os outros tentam fazer com que você guarde segredos de seus pais ou adultos de confiança.

Algumas crianças têm uma curiosidade natural ou têm dificuldades com regras sociais. Elas não são perigosas, mas talvez às vezes sejam inconvenientes. Ajudar seus filhos a serem sensíveis a pessoas assim é a abordagem certa a adotar. Significa dar-lhes a capacidade de considerar que outra pessoa pode fazer algo inconveniente sem que esteja tentando ser inconveniente. O comportamento ainda é problemático, e seu filho ou filha ainda podem rejeitá-lo, mas não por não estarem seguros. Crianças que aprendem a perceber a diferença entre aquelas que lutam para entender as dicas e normas sociais e as que propositadamente ignoram os sentimentos e limites dos outros naturalmente começarão a perceber isso. Elas perceberão mais facilmente quando o comportamento é potencialmente perigoso e quando é socialmente impróprio. Considere Provérbios 20.11, que afirma: "Até a criança se dá a conhecer pelas suas ações, se o que faz é puro e reto".

Quando uma criança insistente tenta tirar um brinquedo de sua filha, você pode (e deve) incentivá-la dizendo: "Querida, não há problema em dizer: 'Por favor, não pegue, ainda estou brincando com isso.'" Quando ela é muito tímida ou tem medo, ou tem dificuldades em ser assertiva, você pode intervir e dizer isso por ela. Dar exemplo de uma maneira sábia de responder a algo errado em qualquer idade é importante.

SE VIU ALGO, DIGA ALGO

Ensine a seus filhos que, se eles virem algo que os deixou desconfortáveis, você quer ouvi-los e ajudá-los a processar aquilo. Às vezes, as crianças se sentem desconfortáveis, envergonhadas ou com medo, e nem sempre conseguem colocar isso em palavras. Outras vezes, as crianças sabem que outra pessoa está fazendo más escolhas, participando de comportamentos arriscados, perigosos ou claramente imorais. Faça-as saber que, independentemente de saberem se é algo bom ou ruim, não há problema em ir até um adulto de confiança e pedir ajuda.

Se esse adulto não ouvir e ela ainda precisar de ajuda, diga-lhe para continuar recorrendo a adultos até que alguém a ouça e ajude.

Um de nossos filhos estava em uma atividade depois da escola quando era mais jovem. Havia outra criança que era agressiva e muitas vezes intimidava outras crianças. Uma tarde, enquanto nosso filho estava brincando, essa criança decidiu implicar com ele. O menino estava provocando-o, tentando desfazer algo que ele estava construindo e xingando-o. Ensinamos ao nosso filho que, quando isso acontecesse, ele deveria contar a um adulto e, se esse adulto não ouvisse, que procurasse outro adulto, até alguém dar ouvidos.

Aí estava exatamente uma situação dessas, e foi exatamente o que ele fez. Ele contou a três adultos diferentes. Infelizmente, eles não impediram o comportamento. Eles conversaram brevemente com a criança, depois passaram a cuidar de outras responsabilidades. O menino não deixou nosso filho em paz, mas continuou a provocá-lo. Nosso filho acabou se defendendo, fazendo com que os dois fossem parar na sala do diretor.

Ensinamos a ele a coisa certa a fazer e, infelizmente, ele se sentiu ignorado. Ele então tomou o assunto em suas próprias mãos e, dadas as circunstâncias, não posso dizer que o culpamos. Sua resposta foi: "Eu continuei contando aos adultos, e não adiantou". Independentemente de como você se sente sobre seu filho se defender contra comportamentos de *bullying*, você deve conversar a respeito. Seu filho precisa estar preparado para saber o que fazer, a quem pedir ajuda, o que fazer se ninguém o ajudar e como você espera que ele se defenda, caso precise.

Da mesma forma, se ele estiver preocupado com o comportamento de um tio, pai, primo, irmão ou outro membro da família, sempre peça que conte a alguém seguro e continue contando até que alguém ouça e intervenha.

INCENTIVANDO A COMUNICAÇÃO ABERTA EM CASA

Os pais devem dar o exemplo de abertura e liberdade ao falar sobre esses tópicos. Pode ser desconfortável para você, mas não precisa ser difícil ou complicado. Converse regularmente com todos os membros da família no lar — crianças, adolescentes e adultos — sobre comportamentos apropriados e inapropriados, para garantir que eles entendam e se lembrem das informações. Considere estes princípios:

- Defina diretrizes familiares claras para privacidade e comportamento pessoal. Discuta as diretrizes com todos os membros da sua família, diga por que elas existem e sirva de exemplo de respeito a essas diretrizes.

- À medida que a criança se desenvolve, as restrições podem precisar mudar (por exemplo, bater à porta antes de entrar, pedir um abraço, orientação sobre lutas ou brincadeiras apropriadas entre eles).
- Discuta esses princípios orientadores com quaisquer outros adultos que passem tempo com seus filhos (por exemplo, se uma criança gosta de carinho ou não quer beijar ou abraçar, que linguagem você usa e outras expectativas que você tem).
- Faça as crianças saberem que, se elas não se sentirem confortáveis em estar perto de alguém, você as ajudará a descobrir o motivo e o que fazer.
- Incentive a discussão em família e estimule as crianças a fazerem perguntas ou falarem com você depois, se quiserem falar mais sobre algo que as esteja incomodando.
- Saiba mais sobre os recursos da sua comunidade (com quem falar na escola sobre drogas ou *bullying*, o que denunciar se vir algo acontecer no seu bairro, quando denunciar suspeitas de abuso etc.). Saiba com quem entrar em contato caso precise denunciar algo.
- Ajude as crianças a saberem que devem falar quando virem algo preocupante. Pode não estar claro o que está acontecendo, mas chamar a atenção de alguém ajuda a evitar que comportamentos preocupantes sejam negligenciados.
- Faça uma lista de recursos para sua família usar quando os pais estiverem ausentes — nomes e números de telefone dos serviços de emergência e os motivos e situações para ligar para cada um. Coloque-o em um lugar de fácil acesso para os jovens. Pode ser o corpo de bombeiros, a emergência, o departamento de polícia local etc.
- Certifique-se de que todos saibam que podem conversar com você sobre qualquer comportamento inadequado que já possa ter ocorrido; que você os ama, não ficará com raiva deles e trabalhará para obter ajuda.

A implementação desses princípios capacitará seus filhos a fazer o que 1 Tessalonicenses 5.21 exorta: "Julgai todas as coisas, retende o que é bom". Fazendo assim, você lhes dará as ferramentas para avaliar comportamentos e discernir situações e pessoas problemáticas, mesmo quando estiverem sozinhos. Mas você também está abrindo a porta para que eles recorram a você por qualquer preocupação ou qualquer comportamento que lhes pareça estranho, mesmo que seja de uma figura de autoridade ou outra pessoa de confiança com a qual eles estejam familiarizados. Começar a ter essas conversas significa que você está no caminho certo para incutir discernimento em seus filhos. No próximo capítulo, expandiremos essas sugestões para falar mais sobre o valor da prática e da encenação na interpretação de papéis, e por que isso pode ser útil para seus filhos.

Capítulo 6
A PRÁTICA LEVA À PERMANÊNCIA: USANDO A ENCENAÇÃO PARA DISCIPULAR CRIANÇAS

Estas palavras que, hoje, te ordeno estarão no teu coração; tu as inculcarás a teus filhos, e delas falarás assentado em tua casa, e andando pelo caminho, e ao deitar-te, e ao levantar-te. (Dt 6.6-7)

Como ensinamos nossos filhos a diferenciar o bem do mal? Como os ensinamos a avaliar o comportamento — a conhecer a si mesmos e saber o que é certo ou errado? Deus nos diz o que é certo e o que é errado em sua Palavra. Deus também nos ordena que ensinemos nossos filhos de forma diligente e constante sobre ele e seus caminhos, de maneira que isso permeie todas as áreas de nossa vida. Conversas e práticas constantes conectam os princípios bíblicos à vida cotidiana. Encenar com seus filhos interpretando papéis é uma ótima ferramenta para criar oportunidades de ter conversas significativas e frutíferas que os discipulem nos caminhos de Deus. Esse tipo de discipulado ajudará as crianças a reconhecerem e se desviarem do que poderiam fazer naturalmente ou do que o mundo lhes manda fazer.

A encenação é quando você apresenta uma situação aos seus filhos e pergunta o que eles fariam ou diriam enquanto assumem papéis diferentes na história. Por exemplo, seu filho pode não saber o que fazer quando um colega o pressiona a mentir ou trapacear. Encenar dá às crianças uma oportunidade para praticar possíveis respostas a situações difíceis. Permite que as crianças pensem com você sobre situações que ainda não encontraram. Isso também ajudará você a entender como seus filhos pensam, possibilitando um vislumbre de seus medos, das áreas em que lidam com tentações e de situações nas quais podem ser pegos desprevenidos ou vulneráveis.

Quando nossas meninas tinham 4 e 5 anos, elas confiavam em todos. Vimos desde cedo que elas sairiam andando com qualquer um que as chamasse. Então, começamos a encenar com elas o que fazer se fossem abordadas por alguém que perdeu um filhote ou lhes oferecesse doces. Explicamos que, se alguém quisesse que elas o seguissem até algum lugar, a primeira coisa que deveriam dizer é: "Tenho que perguntar à minha mãe ou ao meu pai primeiro". Então, fazíamos uma encenação. Eu dizia algo como: "Oi, garotinha, perdi meu cachorrinho. Você pode me ajudar a encontrar?". Ou: "Olá, tenho alguns doces no meu carro e estou distribuindo para as crianças da vizinhança. Gostaria de pegar um pouco?".

Para minha tristeza, elas caíam na trama diversas vezes. Eu explicava o que dizer e depois as fazia praticar. Lentamente, ao longo de muitas sessões de ensaio, elas começaram a entender. Ensaiávamos em casa, em uma loja local ou em um parque enquanto elas brincavam. Eu ia até uma de minhas filhas e dizia algo como: "Ei, garotinha (elas sabiam que essa era a deixa para a encenação), eu tenho alguns gatinhos no meu carro, que quero dar de presente. Quer ir até lá para ver?". A mais velha se animava, depois pensava por um momento e dizia:

"Ah, não... Preciso ver com a minha mamãe primeiro". Eu sorria, a parabenizava e lhe dava um grande abraço. Era sempre algo alegre, divertido e instrutivo, nunca uma punição se ela desse uma resposta errada.

Também foi algo instrutivo para mim, pois me ensinou onde minhas filhas poderiam estar vulneráveis ou ser facilmente influenciadas. Minha outra filha, quando perguntada se gostaria de comer algum doce, sempre cedia à tentação. Nós encenamos várias vezes, até que um dia sua resposta foi: "Bem, *que tipo* de doce é esse?". Embora soubesse a resposta certa, ficou claro que ela poderia ser atraída se a recompensa valesse a pena. Isso aconteceu repetidas vezes, mas as encenações nos ajudaram a entendê-la e a educá-la melhor à luz de suas tentações e fraquezas.

MAIS MANEIRAS DE PROMOVER A COMUNICAÇÃO ABERTA

Descobri que, quanto mais estou disposta a falar sobre os muitos "e se" com as crianças, mais elas estão dispostas a dizer: "Eu não sei. O que faço se isso acontecer?". Esse tipo de encenação se torna uma porta aberta para o discipulado. Ao fazer perguntas aos seus filhos que os incentivam a pensar e tomar decisões, você os ajuda a não ficarem travados numa situação em que não sabem o que fazer. Inevitavelmente, nossos filhos ficarão travados, mas a encenação e a conversa intencional diminuirão tais ocorrências. Você está lhes dando a habilidade de avaliar circunstâncias e pessoas. Enquanto você lhes ensina o certo e o errado, eles aprendem a perceber, julgar e resolver problemas.

Enquanto seus filhos amadurecem, não se esqueça de incentivá-los. Você nem sempre acertará, nem seus filhos. É importante dizer às crianças: "Faça o seu melhor, e ficaremos orgulhosos de você. E, se você errar, falaremos sobre o que aconteceu". Isso garante às crianças que elas não serão punidas por tentar aplicar o que aprenderam com você. Frequentemente, o necessário é refinamento, não punição.

É impossível conceber todos os cenários que nossos filhos encontrarão, mas a prática regular os ajudará a desenvolver o discernimento. Se os ensinarmos a parar e pensar sobre o que está acontecendo e depois reencenarmos com eles, eles aprenderão a habilidade de avaliar situações. Quando os incentivamos a avaliar regularmente o comportamento, eles crescem, se desenvolvem e demonstram a capacidade de ler pessoas e situações.

Quero encorajar você a incorporar esse tipo de conversa na vida cotidiana. Descobri que nosso carro é um bom lugar para fazer meus filhos falarem sobre esses "e se". O carro é um lugar sem distrações, onde as crianças podem revelar seus pensamentos e experiências, e o percurso dá a você tempo para ajudar a processar e interpretar essas experiências. Mas qualquer lugar pode ser bom para você conseguir que seus filhos conversem com você sobre diferentes situações: nas refeições, na hora de dormir ou andando por uma loja. Ver uma situação tensa acontecer na sua frente é um ótimo momento para se voltar aos seus filhos e transformar aquilo num momento de aprendizado. Costumo dizer: "Ei, pessoal, o que vocês acharam disso? O que vocês acharam de como essa pessoa lidou com a situação? Como vocês responderiam?". Como pais, precisamos estar atentos a momentos de aprendizado e também assumir a responsabilidade de criar proativamente oportunidades de conversa por meio de atividades.

APRENDENDO A APLICAR PRINCÍPIOS BÍBLICOS

As crianças tendem a pensar em termos de preto e branco; por isso, lidar sabiamente com as áreas cinzentas da vida pode ser desafiador para elas. As crianças podem entender os princípios bíblicos, mas terão dificuldades em aplicá-los em determinado momento. A encenação é uma oportunidade de tomar princípios ensináveis — demonstrar amor, bondade, misericórdia, perdão, assertividade, segurança — e transferi-los para diferentes situações. Esse tipo de conversa prepara as crianças para tomar um princípio e aplicá-lo a uma infinidade de contextos que talvez não tenham considerado. Isso ajuda a expandir sua compreensão do princípio, à medida que o veem aplicado a diferentes

A PRÁTICA LEVA À PERMANÊNCIA: USANDO A ENCENAÇÃO PARA DISCIPLINAR CRIANÇAS

contextos, e as prepara para as muitas situações que podem (ou não) acontecer. Ao usar essa ferramenta, você fornece um espectro de possibilidades: desde o bobo e o óbvio até o confuso, o perigoso, ou um cenário que parece impossível.

Por exemplo, é possível que seu filho seja o agressor em uma situação (*bullying* ou *sexting*) e depois seja pressionado ou atacado em outra (aliciamento online ou agressão sexual). A maioria das crianças não é sempre a agressora ou sempre a vítima. Assim, desenvolva um cenário em que seu filho seja tentado a ser o agressor (talvez contra um irmão mais novo) para que você possa falar sobre amor e respeito pelos outros. Em seguida, desenvolva um cenário em que seu filho seja o que está sendo maltratado e explique como responder e obter ajuda.

Você pode começar tornando essas conversas simples e naturais. Talvez você pergunte ao seu filho se ele conhece alguém na escola que seja um agressor. Pergunte-lhe que comportamento ele nota que torna esse colega um agressor. Pergunte se já foi maltratado dessa maneira, e o que faria se fosse. Reflitam sobre maneiras de reagir a um agressor e pergunte qual resposta parece mais fácil ou mais natural para ele. Algumas crianças não terão dificuldades em ser assertivas e confrontar os outros, e até podem precisar de ajuda para fazer isso de maneira respeitosa. Outras crianças podem ter muita dificuldade em defender a si mesmas, ou a outros, e precisarão receber palavras, encorajamento e confiança para se posicionarem. Propor várias situações e fazer com que seu filho pratique o que ele diria imprimirá nele as palavras e a coragem necessárias.

Aqui estão algumas sugestões:

- E se o seu amigo pressionar você a passar as suas respostas da prova quando ninguém estiver olhando? Como você responderia?
- E se você vir um colega sendo maltratado no parquinho? O que você deve fazer?
- Um aluno está zombando das roupas que você veste e chama os outros a fazerem o mesmo. De que forma você pode reagir?

A lista poderia continuar com cenários possíveis, juntamente com opções de resposta. Crescer em sabedoria significa que você procura entender o que está acontecendo, saber as dificuldades de seu filho para reagir e começar a preparar seu filho ou filha com uma resposta piedosa. Algumas crianças precisarão que você sugira as palavras e a linguagem para se comunicar. Outras crianças podem precisar que você debata com elas sobre opções e/ou soluções, para saberem qual resposta pode ser útil em cada situação e qual resposta pode ser ineficaz ou até mesmo piorar as coisas.

CONHEÇA SEU FILHO E INCENTIVE A AUTOCONSCIÊNCIA

Quando tentamos incutir valores em nossos filhos, também estamos tentando ajudar a abrirem o próprio coração. Ao ajudar uma criança a avaliar amizades, ajude-a a entender por que ela é atraída por certos grupos de amigos, o que ela valoriza ou admira em seus colegas, onde é tentada a encontrar identidade ou aceitação, bem como até onde irá para alcançá-la.

Quanto mais você os entender — suas forças, fraquezas, tentações, medos, inseguranças, sonhos e desejos —, mais isso ajudará a identificar suas vulnerabilidades.

Considere estes exemplos bem comuns:

- O filho se sente solitário e diferente devido a uma dificuldade de aprendizagem, e você percebe que ele passa muito tempo jogando online. Ele se esconde nos videogames e acha mais fácil conversar com as crianças nesse formato online, então baixa a guarda. Ele é vulnerável a confiar em indivíduos sem rosto que o perseguem e tentam ganhar sua confiança, coletando lentamente suas informações pessoais.
- A filha que sofre com sua aparência. Ela olha para o mundo ao seu redor para descobrir como deve se sentir em relação a si mesma. Ela recorre às redes sociais para descobrir o que é considerado atraente, como ela precisa se vestir, usar maquiagem e quão magra deve ser. Ela oscila entre um

- transtorno alimentar e autodepreciação, e constantemente busca afirmação online para se sentir bem consigo mesma. Ela tem apenas 9 anos.
- O menino que é pequeno para sua idade e turma. Ele é tímido e não é assertivo, o que o tornou suscetível ao *bullying*. As crianças mais velhas começam a provocá-lo no ônibus e roubam seu lanche antes de chegar à escola. Como você vai ajudá-lo a lidar com isso?
- O atleta adolescente que quer desesperadamente fazer parte da equipe de lutas. A equipe é conhecida pelo comportamento desordeiro e uso de drogas. Ele é tentado a se conformar para ser aceito como um deles. É ridicularizado quando fala sobre ter hora para chegar em casa ou ir à igreja.

Um pai ou uma mãe que disciplina proativamente seu filho estará atento a essas dificuldades e (espera-se) entrará ativamente na experiência de seu filho para ajudá-lo. Nem sempre podemos impedir que uma dificuldade aconteça, mas podemos estar atentos e proativos ao guiá-los por meio dela. Quanto mais os entendemos, mais somos capazes de ajudá-los a entender suas lutas.

Trabalhe para ensinar aos seus filhos a habilidade de autorreflexão. Assim que começarem a falar, incentive-os a considerar as motivações para o que disseram ou fizeram, e questione gentilmente suas respostas para estimular o pensamento crítico e uma maior autoconsciência. Se queremos criar filhos piedosos, essas habilidades são essenciais. Quanto mais eles fizerem isso, mais discernimento terão sobre os outros.

SEJA A PESSOA CONFIÁVEL DE SEU FILHO

Para que nossos filhos possam diferenciar pessoas confiáveis de pessoas perigosas, você e eu devemos servir de exemplo. Seu filho aprenderá relacionamentos maduros, saudáveis e bons, em primeiro lugar, vendo-os serem vividos diante dele. Sua conduta pública e privada é o maior modelo de caráter moral e comportamento que você pode dar aos seus filhos. Quanto mais eles veem o que é bom, justo, verdadeiro e amável (Fp 4.8), mais serão desinteressados pelo que não for assim.

As crianças estão sendo aliciadas por nossa cultura e por fontes externas para aceitar o mal como bem e, seus pais como irrelevantes. Trabalhe duro para provar seu valor e ganhar um lugar no coração delas. Quanto mais você demonstrar que é uma pessoa confiável, com quem podem se abrir, compartilhar e conversar, mais profunda será sua influência — especialmente quando seus filhos estiverem com dificuldades.

Nossa forma de criar nossos filhos, orientá-los, discipliná-los, demonstrar afeto, falar uns com os outros e nos envolver com aqueles com quem vivemos e trabalhamos, será de onde nossos filhos aprenderão e avaliarão essas coisas. Toda vez que você os trata com respeito e dignidade, demonstra como é uma pessoa confiável. Toda vez que eles veem você ajudar um estranho, ser paciente com os idosos ou retribuir um insulto com gentileza, aprendem a responder a essas situações na própria vida. Toda vez que observam você defender alguém sendo maltratado, repelir um vendedor indelicado ou ignorar um motorista agressivo que faz um gesto não tão amigável, eles aprendem a lidar com o comportamento ofensivo.

Quando as crianças sentem que os pais estão desconfortáveis ou incomodados com algo, elas aprendem a evitar falar sobre isso. As crianças precisam ver seus pais falando sobre os tópicos mais difíceis — sexo, sexualidade, abuso, guerra, morte etc. — com calma e tranquilidade. Podemos nem sempre nos sentir tão relaxados e até sentir ansiedade com um assunto, mas o que as crianças precisam observar é um pai ou uma mãe que possa deixar isso de lado pelo bem de seus filhos e demonstrar conforto com qualquer assunto que seus filhos possam precisar levar até eles. Mostramos que somos confiáveis por sermos capazes de lidar com qualquer coisa difícil que nossos filhos possam nos trazer.

Ser a pessoa confiável deles não significa que sempre saibamos o que dizer, nem que tenhamos todas as respostas. Não há problema em dizer: "Essa é uma pergunta difícil, deixe-me pensar sobre isso e depois lhe respondo". Você pode dizer que pesquisará sobre uma pergunta que eles tenham, desde que retorne a eles com vontade de continuar o diálogo. Tudo isso sinaliza aos nossos filhos que estamos acessíveis, dispostos e envolvidos com suas vidas e lutas.

OUTRAS PESSOAS CONFIÁVEIS: IDENTIFIQUE A QUEM ELES PODEM RECORRER

Identifique outras pessoas na vida dos seus filhos a quem eles podem recorrer sem deixá-lo preocupado, caso precisem de ajuda e você não esteja por perto ou disponível no momento. Pode ser outro membro da família, uma pessoa na escola ou um líder juvenil. Fale sobre o que tornaria essa pessoa confiável ou perigosa, e o que fazer se, por qualquer motivo, ela os deixar desconfortáveis. Se uma pessoa os deixar desconfortáveis, eles podem recorrer a outro adulto em busca de ajuda.

Você deve sempre ser a principal pessoa confiável do seu filho; às vezes, porém, você pode não estar presente, disponível de imediato, ou talvez ele tenha medo de vir até você. Se isso acontecer, será bom saber que tanto você como ele identificaram pessoas a quem se pode recorrer com tranquilidade, com quem você e ele se sentem confortáveis. Não é útil escolher uma pessoa como confiável se a criança não estiver disposta a recorrer a ela quando precisar. Para uma criança ou adolescente, é crucial ter adultos amorosos, seguros e confiáveis, além de ser um ótimo recurso para orientar e modelar relacionamentos.

A PRÁTICA LEVA À PERMANÊNCIA

Talvez você já tenha se cansado de me ouvir dizer que deve encenar e praticar; mas isso faz sentido. Bons professores veem isso o tempo todo. As crianças que praticaram suas soletrações ou tabuadas estão mais preparadas para reagir quando chamadas. A resposta vem prontamente e sem pensar muito, porque elas internalizaram as informações. Ao ouvir um problema de matemática, uma criança que aprendeu as habilidades básicas e está praticando será capaz de parar, pensar e resolver, ao contrário de uma criança que nunca estudou um problema e não tem ideia de onde começar.

Você já ouviu o velho ditado: "A prática leva à perfeição." Anos atrás, um dos meus filhos chegou da escola e disse: "Mãe, você sabe que a prática na verdade leva à permanência?". Ele então começou a me explicar o que seu professor havia lhe ensinado: se você aprender a fazer algo da maneira errada (e fazer isso repetidamente), você aprenderá maus hábitos permanentes, o que provavelmente gerará resultados ruins. Se você aprender a coisa certa e praticá-la, terá bons hábitos permanentes.

Refleti sobre sua declaração por um tempo e percebi que isso era verdadeiro em muitas áreas da vida. Decidi usar aquilo como um momento de aprendizado para conversar com meus filhos sobre como fazemos isso em nossa vida espiritual, na vida intelectual e nos relacionamentos sociais.

À medida que ensinamos aos nossos filhos vários comportamentos e hábitos, nosso foco geralmente é apenas o comportamento externo. Nossas instruções se concentram no que fazer e quando fazer, sem qualquer conexão real com o porquê. Em última análise, tudo o que nossos filhos fazem deve se originar do que é bom e correto. Ensinamos o amor a Deus e aos outros (eu amo minha irmã, então permito que ela escolha o filme; eu amo a Deus, por isso demonstro gratidão pelos bens materiais que possuo). Queremos ensinar nossos filhos a fazer coisas boas — por razões piedosas. Isso fundamenta as motivações por trás do nosso comportamento, bem como as atitudes.

O QUE ESTÁ SE TORNANDO PERMANENTE?

Bons hábitos, comportamentos e até mesmo disciplinas espirituais podem se tornar rituais permanentes feitos apenas pelo senso de dever, em vez de resultarem de uma escolha relacional de amar. É importante perceber que mesmo coisas boas como o respeito pelos outros podem se tornar uma obrigação praticada (ou seja, "a coisa certa a fazer") com efeitos permanentes, mas sem amor.

Considere as práticas cristãs: oração, frequência regular à igreja e leitura da Bíblia. Se fizermos essas coisas apenas porque "devemos", elas se tornarão tarefas rotineiras, obrigatórias e, no fim das contas, sem sentido, porque estão desconectadas dos relacionamentos pessoais e amorosos com Deus ou com os outros.

Eu trabalhei com inúmeras crianças que sabem a resposta certa para uma situação difícil, mas, quando sob pressão, têm pouca ou nenhuma expectativa de que isso realmente dará certo. Para elas, é apenas um hábito forçado, vazio de relacionamento, sem expectativa de que Deus esteja de fato lá, do outro lado. Se não tivermos cuidado, essas crianças crescerão acreditando que, como a oração nem sempre produz uma mudança nas circunstâncias, ela não funciona. E, se também não as ensinamos a responder a maus-tratos (quando se afastar, quando defender o que é certo), elas passam a acreditar que devem aceitar passivamente os maus-tratos de outros.

Em vez disso, precisamos ensinar habilidades de segurança a partir de um contexto relacional, com Deus como nosso Pai, servindo de exemplo de como pedir sua ajuda durante os momentos difíceis e aprendendo com ele como responder ao mal. As crianças verão que Deus está conosco e nos fortalece. Isso aumenta nossa confiança em Deus e se estende para outros relacionamentos e situações.

O QUE DEVEMOS PRATICAR?

Devemos nos comprometer a ensinar nossos filhos (e lembrar a nós mesmos) que tudo o que fazemos — seja praticar respostas amorosas aos outros, seja defender aqueles que estão sendo maltratados ou aprender habilidades de segurança pessoal —, tudo deve ser feito a partir de uma decisão consciente de viver nossa vida baseados em Deus e em seus caminhos. Deus se importa com o que é certo, bom e justo.

É a partir dessa convicção pessoal que escolhemos administrar bem nossa vida diante do Senhor. Ao ensinar esta verdade — que toda a vida é vivida diante de Deus —, estamos imprimindo em nossos filhos uma maneira diferente de pensar, uma lógica diferente para viver que lhes será útil quando tiverem dificuldades para responder a novas situações.

Minha esperança é esta: que Deus nos ajude a dar exemplo e praticar com nossos filhos o prazer de viver em relacionamento com ele e ter uma visão saudável e amorosa dos relacionamentos, que os prepare para a vida. Fazer isso constrói crianças competentes que sabem como se relacionar com as pessoas, seja para oferecer bondade e ajuda, seja para se protegerem contra maus-tratos. Uma excelente prática para tornar permanente em nosso lar!

Capítulo 7
TÓPICOS PRINCIPAIS PARA DISCUTIR COM AS CRIANÇAS

O que atenta para o ensino acha o bem, e o que confia no Senhor, esse é feliz.
O sábio de coração é chamado prudente, e a doçura no falar aumenta o saber.
(Pv 16.20-21)

Muitas vezes os pais fogem de conversas difíceis com seus filhos. Evitamos discussões sobre sexo, *sexting*, abuso sexual, estupro, bebida, drogas, *bullying*, pedófilos online e muito mais. Tentamos nos esquivar dos tópicos desconfortáveis ou assustadores que não queremos enfrentar. Adiamos conversas desafiadoras, muitas vezes por nossas próprias inadequações ou desconfortos.

Talvez você se sinta despreparado — sabe que seus filhos enfrentarão esses problemas, mas não sabe como abordar o assunto com eles. Sabe que precisa ser abordado, mas, na esperança de que seu filho ainda não esteja enfrentando esses riscos, você adia a conversa o quanto pode.

Quando se trata de falar sobre tópicos desafiadores ou desconfortáveis, lembre-se de que Deus chama você a instruir seus filhos — a ensiná-los a confiar em Deus e a discernir. Suas palavras não precisam criar ansiedade em seu filho. Elas podem ser graciosas e cheias de graça, abordando tópicos difíceis de uma maneira a demonstrar que você tem discernimento e instrução para oferecer a seus filhos. É muito melhor moldar proativamente a visão deles sobre qualquer assunto do que tentar voltar e desconstruir visões imprecisas.

Sua preocupação pode ser que, se falar com seus filhos sobre sexo, riscos em relacionamentos amorosos ou pedófilos online, despertará medo neles. Mas isso não precisa ser verdade. A forma como seus filhos respondem depende de *como* você fala com eles. As crianças são inundadas o dia todo com imagens em seus aparelhos, na televisão, em comerciais, na escola, em outdoors, entre outros. Serão ofertadas imagens de amor, romance, sexualidade, amizades, decadência, bem e mal, identidade e normalidade. Elas darão sentido a essas coisas. A questão é: farão isso com ou sem sua orientação?

As crianças que aprendem os caminhos de Deus e recebem discernimento sobre o bem e o mal não precisam temer tópicos desconfortáveis. Antes, elas podem ficar preparadas, confortáveis e bem-informadas, interagindo corretamente com as mensagens que verão e ouvirão ao seu redor.

CONVERSE COM SEUS FILHOS SOBRE ABUSO

Como pai ou mãe, seu desejo é fazer o que puder para garantir que seus filhos saibam como são os comportamentos perigosos. Quando as crianças estão sendo abusadas, há sinais que os pais podem aprender, mas as crianças também podem ser vitimadas de maneiras que não são, à primeira vista, tangíveis. As crianças podem ser expostas a pornografia, ser gravadas sem saber, ser tratadas de forma sexualizada ou solicitadas a se vestirem assim. Todas essas coisas podem não envolver toque, mas claramente são abusivas para uma criança.

Quanto mais você falar sobre respeito pelo corpo um do outro, privacidade, conversas apropriadas à idade sobre sexo e sexualidade, e quem pode ajudar uma criança a se vestir ou tomar banho, maior a probabilidade de seu filho se proteger ou se manifestar quando maltratado.

CONVERSE COM SEUS FILHOS SOBRE SEXO

As Escrituras nos dizem que toda a vida vem de Deus. O Salmo 139 afirma: "Pois tu formaste o meu interior, tu me teceste no seio de minha mãe. Graças te dou, visto que por modo assombrosamente maravilhoso me formaste; as tuas obras são admiráveis, e a minha alma o sabe muito bem" (Sl 139.13-14). Essa verdade pode parecer evidente para os pais cristãos, mas tem implicações importantes. Deus teceu cada pessoa e a criou à sua imagem. Não há vergonha em como elas foram projetadas. Isso é significativo quando falamos com as crianças sobre gênero, seus corpos e sexualidade.

Respeito e privacidade

Frequentemente abordamos o tema da sexualidade com receio e constrangimento. Nosso próprio desconforto, nossas experiências e crenças sobre essas questões influenciam a forma como educamos (ou não) nossos filhos. Você pode precisar avaliar como sua própria dificuldade com este tópico precisa ser transformada para isso não atrapalhar o ensino de seus filhos sobre uma compreensão bíblica saudável da sexualidade.

Por exemplo, palavras como "piu-piu" e "a coisinha da menina" podem parecer mais confortáveis e inofensivas, mas também podem presumir vergonha ou inadvertidamente passar uma mensagem de que partes privadas do corpo são muito vergonhosas para mencionar pelo nome. Palavras como pênis, vagina, seios, nádegas ou traseiro são nomes precisos para nossas partes do corpo, e não é preciso ter vergonha ou constrangimento quando as usamos.

Parece que temos uma aversão prejudicial a falar sobre partes do corpo que parecem tabu, e essa mensagem é assimilada por nossos filhos. Precisamos estar cientes de nosso próprio desconforto e estar dispostos a mudar. Podemos e devemos ser exemplo ao falar de maneira respeitosa quando se trata do corpo de alguém, sobre sexo e outros tópicos que lidam com a sexualidade, mas não devemos nos esquivar da discussão.

Esteja ciente de que as crianças avançam em ritmos diferentes: emocional, cognitiva e fisicamente. Diversas características de desenvolvimento do seu filho podem seguir a idade cronológica (altura, peso, mudanças físicas com a puberdade), enquanto outras podem demorar mais, como o desenvolvimento cognitivo ou emocional. Isso pode ajudar você a decidir com quais tópicos de conversa seu filho saberá lidar e quando.

Sem dúvida, nossas crianças e adolescentes precisam entender que certas partes do corpo merecem mais respeito e privacidade. Isso também é apresentado desde o início em casa, quando lhes damos privacidade para se vestir ou para usar o banheiro. Demonstramos isso ensinando seus irmãos a bater à porta fechada antes de entrar, ou falando respeitosamente sobre o sexo oposto. As crianças então aprendem a tratar umas às outras com respeito e também esperam que os outros as tratem assim.

Gênesis 5.1-2 diz: "No dia em que Deus criou o homem, à semelhança de Deus o fez; homem e mulher os criou, e os abençoou, e lhes chamou pelo nome de Adão, no dia em que foram criados". O Criador da vida fez homem e mulher, ambos à sua semelhança, e viu tudo que havia criado e disse que era bom. Não havia vergonha e, portanto, nenhuma necessidade de cobertura até que o pecado entrou no mundo. Se o Criador criou o homem e a mulher, a sexualidade e o sexo, e disse que tudo isso era bom, nós também devemos dizê-lo.

Nossos filhos estão crescendo em um mundo que está reformulando suas crenças sobre essas coisas. Se não lhes ensinarmos o que é certo, bom e verdadeiro, quem ensinará? Eles aprenderão em algum lugar e, como mencionei antes, será nos lugares errados.

Isso é também uma proteção para o seu filho. As crianças que sabem e entendem como falar sobre suas partes do corpo e que aprenderam a ter privacidade e respeito por seu próprio corpo e pelo corpo de outras pessoas são mais propensas a relatar comportamentos inadequados quando algo lhes ocorre. Profissionais e agentes da lei percebem que as crianças cujos pais ensinaram essas coisas são menos propensas a serem abusadas, são mais rápidas em relatar quando isso acontece e são mais capazes do que outras crianças de articular o que ocorreu. Isso acontece porque elas receberam uma compreensão do que é saudável e normal e a linguagem para descrevê-lo.[1]

Começando desde os 3 ou 4 anos de idade, os pais podem e devem ensinar seus filhos sobre partes do corpo, privacidade e respeito pelo corpo. Existem muitas maneiras apropriadas de fazer isso, conforme a idade: conversas naturais ao se vestir ou ajudar no banheiro, com a inclusão de livros e histórias, ou praticando como responder a pessoas que podem estar interagindo com elas. Isso envolve ensinar habilidades sociais sobre como pedir privacidade ao usar o banheiro ou trocar de roupa, quando pedir ajuda e quando contar a um adulto se algo desconfortável ocorrer. As crianças aprendem esses conceitos por meio de ideias simples, imagens, ilustrações e encenações. Estas são estratégias comumente usadas para aprender sobre espaço pessoal, respeito, conhecer seu corpo e compreender a privacidade.

Quando um dos nossos meninos tinha 4 anos, adorava correr pela casa de cueca (e às vezes como veio ao mundo). Ele corria para fora de seu quarto nu e rindo, dizendo a todos: "Olhem para mim!", e então corria de volta para o quarto. Para uma criança, isso era inocente, fofo e normal, nada que exigisse correção. Mas imagine se ele tivesse 13 anos e fizesse isso. Não seria mais tão fofo (ou apropriado), certo?

Como as crianças aprendem o que é ou não apropriado? Observando a vida ao seu redor. Como pai ou mãe, posso rir das brincadeiras de meu filho de 4 anos, mas depois dizer: "Está bem, filhão, agora é hora de se vestir — ninguém quer ver você correndo pelado". Não estou exagerando nem menosprezando.

À medida que ele envelhece, é importante colocar razão e racionalidade nessas ações. Por exemplo, quando você está ajudando sua filha no banho, pode dizer a ela para lavar todas as áreas do corpo, incluindo a vagina e as nádegas. É bom conversar casualmente e dizer: "Querida, lembre-se, ninguém deve pedir

---

[1] Wiley, "Teaching children in schools about sexual abuse may help them report abuse". Science Daily, 16/4/2015. Disponível em: https://www.sciencedaily.com/releases/2015/04/150416083738.htm (acessado em 17/2/2024).

para ver ou tocar sua vagina ou atrás; essas partes do corpo merecem mais privacidade. Ninguém nunca deve pedir para você tocar na vagina, no pênis ou no traseiro da pessoa. É assim que mostramos respeito — e, se alguém algum dia lhe pedir para fazer isso, por favor, venha nos contar".

Ela pode responder com: "Mamãe, você me vê quando estou tomando banho".

"Sim", respondo, "há momentos em que mamãe e papai podem ajudá-la a se vestir, secar do banho ou ajudá-la quando estiver doente. Os médicos podem precisar examinar seu corpo para confirmar se você está saudável. No entanto, se alguém a deixar desconfortável, nos avise e falaremos sobre isso."

Comece desde cedo a estabelecer expectativas de privacidade e respeito pelos outros. Cada família terá maneiras diferentes de falar sobre isso: partes do corpo privadas devem sempre estar cobertas com alguma roupa; a pessoa deve se despir em seu quarto ou banheiro; quem pode ou não ajudar seu filho a se vestir ou usar o banheiro. Pode haver razões para treinar seus filhos de maneira diferente de outra família. Seus filhos podem precisar de ajuda adicional, ter maior ansiedade (ou confiança cega) ou ser mais reservados.

É importante considerar o que você sabe sobre seu próprio filho, para que isso ajude a moldar como você fala com ele. Considere os princípios por trás das regras que você pode estabelecer:

- "O corpo de uma pessoa (seu ou de outros) deve ser tratado com respeito."
- "Certas partes do corpo devem ter maior privacidade." Seja específico e concreto.
- "Certos tipos de afetos são reservados para certas pessoas." Discuta quais podem ser as diretrizes da sua família.
- "Se algo deixar você desconfortável, queremos saber mais sobre isso."
- "Você pode conversar com mamãe e papai sobre qualquer coisa."

Muitas vezes ouvimos que, para identificar uma nota falsa, os profissionais passam anos estudando a verdadeira até conhecerem todos os detalhes da nota real e, assim, poderem identificar uma falsificação. Até certo ponto, é assim que devemos pensar na educação dos jovens. Queremos que eles conheçam a Deus e seus caminhos — o que é correto, bom e saudável — tão bem que, quando algo inadequado lhes acontecer, fique claro para eles que alguma coisa está errada. Eles podem não conhecer todos os males possíveis, mas podem identificar que algo está "estranho" e procurar ajuda.

QUANDO AS CRIANÇAS SE SENTEM DESCONFORTÁVEIS

Diferenciar toques confortáveis e desconfortáveis pode parecer complicado. Muito tem sido escrito atualmente sobre não devermos nunca forçar as crianças a abraçar ou demonstrar afeto a um parente ou a qualquer pessoa. A lógica é que as crianças devem ter o controle de seu próprio corpo e não ser forçadas a demonstrar afeto. Ao exigir um abraço ou beijo, a preocupação é estarmos ensinando-as a ignorar os sinais de alerta. A lógica por trás desse conselho é que as crianças podem então pensar que devem atender ao pedido de afeto de qualquer pessoa, e essa mentalidade pode levar ao abuso sexual.

No campo do abuso sexual, há uma compreensível hesitação em forçar as crianças a demonstrações de afeto se isso as deixar desconfortáveis. O argumento é que não queremos ensinar os jovens a ignorar seus sentimentos e possivelmente sinais de alerta de perigo/aliciamento. Isso faz sentido. No entanto, por vários motivos, me sinto desconfortável com essa abordagem (trocadilho intencional).

Às vezes, as crianças sentem-se desconfortáveis porque são solicitadas a fazer coisas fora de sua zona de conforto — coisas que parecem estranhas ou difíceis, mas não são perigosas. Uma criança que é tímida pode se sentir desconfortável quando solicitada a dizer olá, pedir instruções ou falar com um estranho. São exatamente essas coisas que podem salvá-la caso esteja em perigo, mas exigem que a criança saia de sua zona de conforto. Ela deve aprender a fazer o que a deixa desconfortável, para ficar segura e estar preparada para pedir ajuda, caso necessário.

Outras vezes, as crianças são solicitadas a fazer coisas que as deixam desconfortáveis para demonstrar amor aos outros. Talvez seja servir uma refeição a um sem-teto, conversar com alguém com síndrome de Down ou entrar em contato com um idoso. Pode ser ajudar a alimentá-los, conversar ou oferecer um abraço. Ensinar demonstrações de afeto e seu uso adequado faz parte da preparação de nossos filhos. A resposta não é que as crianças nunca devam demonstrar afeto se estiverem desconfortáveis. Em vez disso, a melhor solução é ensinar os jovens a prestarem atenção ao *motivo* pelo qual se sentem desconfortáveis.

Tome como exemplo uma criança que pode se sentir desconfortável abraçando a avó. É porque ela é velha e tem um cheiro estranho, ou a vovó a faz sentar no colo e a aperta com muita força? Não queremos que as crianças simplesmente ignorem seu desconforto. Ajudar as crianças a *prestarem atenção* ao desconforto é uma ferramenta valiosa para avaliar a segurança. Mas devemos ensiná-las a avaliarem *por que* se sentem desconfortáveis. Aqui está um exemplo de conversa que você poderia ter:

Criança: "Eu não gosto de abraçar a vovó."

Pai/mãe: "Está bem, mas por que você não gosta de abraçar a vovó?"

Criança: "Não sei. Ela me aperta e seus beijos são molhados."

Pai/mãe: "Eu sei, isso deve deixá-la desconfortável. Lembra que falamos sobre prestar atenção em como você se sente e tentar descobrir o porquê? Você acha que a vovó está fazendo algo inapropriado? Por quê?"

Essas conversas nem sempre têm uma resposta fácil. Às vezes, não correm tão suavemente, mas são sempre úteis. Sempre que paramos e tentamos pensar sobre por que nos sentimos de uma determinada maneira, estamos nos tornando mais perceptivos e perspicazes. A resposta pode ser simples ou mais complicada. Pode ser inocente ou pode nos alertar sobre algo estranho.

Quando estou ensinando meus filhos a demonstrar afeto por alguém, isso pressupõe certo amor ao respeito e ao que é apropriado. O amor nos leva às vezes a fazer o que é desconfortável, mas sempre o que é seguro e bom. Queremos que as crianças prestem atenção a essas coisas e, em seguida, entendam o motivo pelo qual pensam ou sentem daquela maneira. Pode haver razões boas e saudáveis para passar por aquilo.

Porém, há os sentimentos desconfortáveis que apontam para algo errado. Um abraço que demora demais, um olhar, uma encarada ou conversa que parece inadequada ou ruim para elas. Queremos que as crianças também prestem atenção a isso e sejam capazes de articular o motivo. Quanto mais você as treina nas situações cotidianas que muitas vezes são inofensivas, mais elas estão preparadas para momentos que exigem intervenção. Você não quer que elas aprendam a minimizar ações dos outros que as deixam desconfortáveis; você quer que elas aprendam a discernir o que o comportamento pode ou não ser.

Relacionamentos diferentes podem ser confusos para as crianças; por isso, é importante que os pais sejam abertos e sinceros. Discuta os vários tipos de relacionamentos (de familiares, amigos, conhecidos, treinadores e professores) e como esses princípios se aplicam a tais relacionamentos. Quando não há problema em demonstrar afeto? Se alguém pede um abraço, quando é possível dizer que está desconfortável ou recusar? Dê opções ao seu filho e ajude-o a saber que você não ficará chateado se ele se sentir desconfortável.

Aqui estão alguns exemplos de tipos de afeto que são apropriados, e quando são:

- Toque que sempre pode ser apropriado com qualquer pessoa: um aperto de mão, um tapinha nas costas, uma batida de punho ou de mãos.
- Afeto que pode ser apropriado apenas com alguns: abraços, beijos no rosto etc.
- Afeto que nunca se deve esperar deles: tocar nas partes íntimas, despir-se, abraços de corpo inteiro.

Pratique como perguntar aos amigos se não há problema em abraçá-los, como dizer "não" a um pedido de afeto ou como se expressar se uma situação estiver deixando seu filho desconfortável. Aprender essas habilidades é uma maneira significativa de ajudar as crianças a discernir e se preparar para interações e contatos físicos inadequados ou apropriados.

Dê exemplo do comportamento que você espera ver em seus filhos, perguntando antes de um abraço ou um beijo e perguntando se você pode se juntar a eles em seu quarto para conversar com eles. Os pais passam grande parte do tempo ensinando obediência e submissão, mas raramente ensinamos aos nossos filhos o que é desafiar ou rejeitar outra pessoa. No entanto, é uma técnica de segurança importante. Como já mencionado, nossos filhos precisam nos ouvir dizer: "Se alguém lhe disser para fazer algo certo, você deve ouvir. Mas se alguém, incluindo um adulto, lhe disser para fazer algo errado, você nunca deve ouvir. Vamos apoiar você".

DIZER E ACEITAR O "NÃO" COMO RESPOSTA

Falaremos mais sobre isso quando as crianças chegarem à adolescência e à faculdade, mas, como muitas pessoas estão usando a linguagem do consentimento para crianças mais novas, deixe-me também ponderar a respeito. Em termos mais simples, consentimento é dar permissão para que algo aconteça, geralmente com relação ao toque físico. É um termo usado regularmente com as crianças para aprenderem a não ser pressionadas a fazer coisas que não querem fazer. Isso lhes dá liberdade para dizer "sim" ou "não" ao toque indesejado.

A linguagem do consentimento ensina as crianças a respeitar os outros e pedir permissão, e é mais frequentemente usada em relação ao toque e ao carinho. Na verdade, é (ou deveria ser) a mesma linguagem e princípios que usamos ao ensinar respeito — pelos outros, com seus desejos e níveis de conforto, e por si mesmo. Ninguém deve tocar você de maneiras desonrosas ou inapropriadas; tampouco você deve tocar alguém dessa maneira. O princípio bíblico que abrange isso é o do amor. Paulo diz em Romanos que "o amor não pratica o mal contra o próximo" (Rm 13.10). A verdade maior que você pode ensinar a seus filhos é que Deus deseja que eles tratem os outros com respeito, e, da mesma forma, ninguém deve tentar feri-los.

O foco no princípio de que o amor não faz o mal ajudará você a evitar tratar a linguagem do consentimento de forma estereotipada. Não é isso que desejamos. Queremos ajudar as crianças a aprender e praticar demonstrações de respeito saudável pelos outros e por seus níveis de conforto. É sempre uma boa prática pedir um abraço, permissão para ajudar alguém ou ir em direção a alguém. É saudável e sábio ensinar meus filhos a ter liberdade para dizer quando algo os deixa desconfortáveis — mesmo que eles percebam mais tarde que não tinham motivos para se sentirem assim. As crianças estão aprendendo a prestar atenção aos seus sentimentos e, ao mesmo tempo, aprendendo a não viver e agir com base apenas neles.

Os pais podem incentivar as crianças a aceitar o "não" e a dizer "não" no contexto certo. Pode ser com um irmão que está correndo para o banheiro para escovar os dentes, no parquinho da escola quando outra criança quer seu celular, ou em uma reunião de família quando um primo quer ir com ele para algum lugar, longe do grupo. Talvez seja na igreja quando um adulto pede um abraço, ou com crianças na vizinhança brincando de "verdade ou consequência".

Isso não significa que uma criança tenha poder de veto final sobre os pais; em vez disso, serve para modelar interações respeitosas. As crianças aprendem rapidamente como operar o sistema e, quando têm a chance de dizer "não" à mãe ou ao pai, isso pode fluir de seus lábios com muita facilidade. Nesse caso, você sabe que é necessária uma discussão mais aprofundada sobre obediência versus desconforto. Em outros momentos, pode ser encorajador para o seu filho saber que está tudo bem quando ele diz que não está pronto para conversar ou que precisa de algum espaço.

Isso naturalmente ensinará as crianças a pedir e dar permissão. Ensine as crianças a pedir permissão, seja para abraçar um primo ou pedir algo emprestado a alguém. Exigir permissão ressalta a importância de respeitar e dar aos outros uma escolha.

Lembre-os de que amar os outros significa ouvir quando alguém nos diz "não", mesmo quando achamos que a pessoa está sendo rude ou errou ao dizer. Quando um amigo recusa um pedido de abraço, os pais devem incentivar o filho a aceitar isso. Elogie seus filhos quando eles responderem bem, respeitando os sentimentos dos outros. Às vezes, um colega será rude, até mesmo maldoso, em sua resposta, e será necessário ajudar nossos filhos a lidar com a mágoa ou a rejeição. Ao fazer isso, eles aprendem que a forma de dizer "não" a alguém é tão importante quanto o dizer não.

Ao ajudar as crianças pequenas a implementar bons hábitos interpessoais e construir relacionamentos saudáveis, a prática e o incentivo são importantes. Os pais devem prestar atenção em como eles modelam (ou não) o respeito à privacidade em casa. Como pai ou mãe, você sempre bate antes de entrar no quarto? Vocês dão exemplo de maneiras saudáveis, normais e piedosas de expressar afeto como casal e para com seus filhos? Seus filhos veem você dando exemplo de respeito quando está com parentes e amigos? Muito do que nossos filhos aprendem é percebido (ao nos observarem), mais ainda do que aquilo que é ensinado diretamente a eles.

Elogie as crianças pequenas quando elas estiverem mostrando respeito ou privacidade a outro indivíduo. Por exemplo, quando um irmão está usando o banheiro e seu filho bate primeiro, ou acidentalmente entra, mas rapidamente se desculpa e fecha a porta, responda com: "Estou tão orgulhoso que você se desculpou" ou "Bom trabalho pedindo com educação para entrar enquanto escovo os dentes". O seu exemplo é a maneira mais prática de ajudar as crianças a estabelecer boas habilidades de relacionamento.

Ensine às crianças pequenas que "não, obrigado" e "por favor, pare" são palavras importantes e, quando ouvimos essas palavras, demonstramos respeito.

Como mencionado anteriormente, a capacidade de processar por que uma criança pode dizer "não" ou por que se sente desconfortável é essencial para construir nas crianças a habilidade de avaliar o comportamento e adquirir discernimento. Também dá espaço para mudarem de ideia quando acharem seguro e sábio fazê-lo.

Uma criança que inicialmente diz "não" a um abraço porque está de mau humor pode se sentir livre para mudar de ideia uma hora depois, quando estiver mais alegre. Uma criança que diz: "Isso me deixa desconfortável", quando um primo mais velho quer que eles se sentem juntos, pode mais tarde processar com você por que se sentiu assim, e você pode ressaltar a boa decisão que ela tomou.

Apesar de nossas melhores intenções, os pais cometem erros. Perdemos oportunidades de momentos de aprendizado. Podemos até minimizar o desconforto do nosso filho ou descartá-lo muito rapidamente. Quando isso acontecer, simplesmente reconheça, peça desculpas e fale sobre o que você faria de diferente. Nossos filhos não precisam de pais perfeitos; eles precisam de pais humildes.

Ao ensinar seus filhos sobre o que os deixa confortáveis e a pedir permissão para demonstrar afeto, é importante estar atento a como prejudicamos isso involuntariamente. Os pais caem com facilidade na armadilha de presumir que certos comportamentos ou expressões de afeto são corretos, de forma que descartamos o desconforto de nossos filhos muito rapidamente. "O sr. Henrique estava apenas sendo amigável", dizemos. Ou: "Tio José apenas aperta um pouco mais forte... está tudo bem". Se os parentes gostam de segurar as crianças no colo e abraçá-las, mas isso deixa seu filho desconfortável, devemos estar dispostos a ajudá-lo a pensar em como rejeitar a atenção indesejada.

Os pais precisam se lembrar de perguntar e permitir que uma criança expresse como se sente e por quê. Quando for apropriado e útil, permita que a criança tome decisões sobre as interações familiares e processe como chegou a essa decisão. Por exemplo, sua família está indo para um evento de férias onde haverá muitos parentes animados para ver como as crianças cresceram, e querem enchê-las de carinho e atenção. Você sabe que um de seus filhos é tímido e sente-se desconfortável com isso. No caminho para o evento, você conversa com seus filhos sobre o que são demonstrações apropriadas de afeto (para dar e receber), o que não são e como responder se alguém lhes forçar um afeto que eles não querem. Sua filha diz que não gosta quando um parente a agarra com força ou a faz sentar no colo. Você a ajuda a entender o motivo e afirma que ela pode cumprimentar a todos de maneira que ela se sinta confortável — apertando as mãos, batendo os punhos ou dando um abraço rápido. Pergunte o que ela prefere e deixe-a saber que não há problema em compartilhar que ela não gosta de abraços, mas dará um aperto de mão.

Não queremos que nossos filhos tenham medo ou se sintam desconfortáveis com o afeto apropriado, nem queremos que o afeto seja forçado se eles precisarem de tempo para se sentirem à vontade com os outros. Quando não permitimos que as crianças tenham o tempo necessário para processar, elas perdem a capacidade de avaliar uma situação e seus sentimentos. O objetivo nem sempre é evitar situações desconfortáveis, mas ajudá-las a entender seus próprios sentimentos e reações e, em seguida, discernir como responder.

Em última análise, todos esses princípios e cenários apontam para como Deus nos pede para viver. Ele nos pede que tratemos os outros com amor e bondade. Ele fez o nosso corpo; portanto, os pais devem ajudar os filhos a perceber que seu corpo pertence ao Senhor e, por isso, honramos a Deus por meio do corpo. *Essa* é a base da razão pela qual cada um de nós deve ou não permitir afeto. É algo correto, bom e amoroso, ou é algo imprudente, inapropriado e desamoroso? Uma criança nem sempre sabe dizer, e é por isso que ensinamos a ela que, quando se sente desconfortável, você sempre quer ouvi-la e ajudá-la.

CONTINUE FALANDO

Tenha a mentalidade de que essas conversas com seu filho serão contínuas. Não faça das conversas sobre sexo, segurança, privacidade, abuso e afins um evento único. As crianças esquecerão o que você compartilhou se não houver discussão e aplicação repetidas. Os jovens estão sempre crescendo cognitiva, emocional e espiritualmente, processando as coisas de novas maneiras à medida que se desenvolvem. O que parecia irrelevante para eles meses atrás e descartaram como improvável agora pode estar bem diante deles. O que eles aprenderam e viram quando crianças pode não ser desafiado até entrarem na escola e terem de contrariar alguém que os esteja pressionando. É vital estarmos dispostos a continuar as conversas, revisitar os tópicos regularmente e acolher — até mesmo estimular — perguntas e respostas de nossos filhos. Tudo isso, ao longo do tempo, resultará em discipular seus filhos "pelo caminho" para terem discernimento e serem respeitosos. Essas conversas ajudarão a protegê-los e, o mais importante, os direcionarão para o seu Deus — sua proteção final.

Capítulo 8
A TECNOLOGIA E O SEU FILHO

Finalmente, irmãos, tudo o que é verdadeiro, tudo o que é respeitável, tudo o que é justo, tudo o que é puro, tudo o que é amável, tudo o que é de boa fama, se alguma virtude há e se algum louvor existe, seja isso o que ocupe o vosso pensamento. (Fp 4.8)

A mídia e a tecnologia são tópicos amplamente debatidos por muitos pais. Na maioria das vezes, os pais cedem à pressão de comprar para seus filhos uma variedade de aparelhos eletrônicos antes de seus filhos estarem preparados para gerenciá-los. Alguns o fazem por boas razões (estão sozinhos em casa ou em um evento esportivo e precisam falar com um dos pais), e outros não querem que seus filhos se sintam excluídos ou atrasados em relação aos colegas. A tendência de crianças cada vez mais novas passarem tempo online deve ser preocupante para todos nós, porém muitos pais estão permitindo isso.

AVALIANDO SUAS DECISÕES TECNOLÓGICAS

Como pais, é fácil simplesmente ceder à pressão de seus filhos e do mundo ao redor para dar a seus filhos acesso antecipado à tecnologia. Todavia, como pais cristãos, nossa primeira responsabilidade é com o que Deus quer que façamos nessa área. As decisões sobre quando dar aos seus filhos acesso à tecnologia e quais serão as regras quando isso acontecer devem começar pensando em Filipenses 4.8. Isso nos dá um conjunto diferente de perguntas a fazer quando estamos tomando essas decisões. O que colocamos em nossa vida, nosso coração e nossa mente tem a ver com aquilo em que investimos — é algo bom, justo, certo e amável? O uso da tecnologia será puro, louvável, virtuoso? Isso os ajudará a se tornarem homens e mulheres que amam o Senhor e administram bem essas coisas? Uma vez que começamos a fazer tais perguntas, podemos ganhar a perspectiva necessária em um mundo onde crianças pequenas estão sendo cuidadas por telefones e tablets.

Ao pensar se o uso da tecnologia pelo seu filho é "louvável", você deve considerar o que seu filho está realmente ganhando e perdendo ao ter acesso antecipado e irrestrito a smartphones, tablets e outros aparelhos eletrônicos pessoais. O que eles podem perder são importantes marcos de desenvolvimento (tempo de brincadeira não estruturada, desenvolvimento da imaginação e criatividade, exercício físico, interação social), assim como os maus hábitos que podem acabar desenvolvendo (vício em tecnologia ou mídia social, sono ruim, hábitos alimentares ruins, perda de habilidades sociais presenciais etc.). O que eles perdem e ganham de fato é muito mais sério do que o que você e eu tememos que eles possam perder (serem alienados ou perderem uma educação tecnológica precoce) ou ganhar (socialização, adaptação com colegas ou habilidades adicionais). Certifique-se de avaliar adequadamente os riscos e sua capacidade de diminuí-los quando seus filhos estiverem online.

Como pai ou mãe, você daria a uma criança de 11 ou 12 anos as chaves do seu carro? Por que não? A maioria diria que isso seria tolice, talvez até ilegal, e com certeza imprudente. A criança não tem recursos, habilidade, maturidade e responsabilidade para dirigir com tão pouca idade. Mas e se você morasse numa cidade onde outros pais deixam seus filhos fazerem isso? E se outras crianças estivessem dirigindo de forma imprudente, e seu filho fosse o único a não dirigir, sentindo-se excluído? E se, como pai ou mãe, você se sentisse pressionado por ser o único a não permitir que seu filho dirija um carro — ou por exigir que ele seja supervisionado, com muita cautela? Você cederia à pressão? Entregaria as chaves de um veículo que pode causar grandes danos não só a seu filho como a outros?

Essa analogia pode parecer extrema, mas eu diria que ela demonstra os riscos que corremos ao permitir que nossos filhos tenham acesso a um aparelho capaz de abrir um mundo cheio de oportunidades e perigos antes de terem maturidade ou caráter para lidar com isso. E os riscos potenciais são desastrosos. É querer demais esperar que crianças e adolescentes conheçam todos os riscos e sejam maduros e sábios o suficiente para lidar com eles por conta própria.

Não se engane; há predadores atrás de seus filhos, e eles encontrarão maneiras de fazer isso. A tecnologia dá uma sensação de anonimato e ousadia a tais tentativas. As estatísticas apontam constantemente para o crescente número de comportamentos predatórios online. O Centro de Prevenção e Segurança de Crimes contra Crianças [Child Crime Prevention & Safety Center] afirma que "há cerca de 500 mil predadores online ativos todos os dias. Crianças entre 12 e 15 anos são especialmente suscetíveis a serem aliciadas ou manipuladas por adultos que conheceram online."[1] Por meio de salas de bate-papo, jogos online, mensagens e muitos outros caminhos, os jovens estão sendo aliciados e assediados sexualmente — muitas vezes bem debaixo do nariz dos pais.

As pessoas que desejam atacar seus filhos geralmente entram em sites e plataformas populares entre os jovens. Elas se passam por crianças ou adolescentes, iniciam um relacionamento e enviam pedidos de amizade. Por meio de sites, aplicativos, jogos online e mídias sociais, envolvem as crianças em uma conversa inicialmente inofensiva para criar um relacionamento e uma sensação de

---

1 "Children and Grooming/Online Predators", *Child Crime Prevention & Safety Center*, 2020. Disponível em: https://childsafety.losangelescriminallawyer.pro/children-and-grooming-online-predators.html (acessado em 17/2/2024).

familiaridade. As crianças sentirão que conhecem essa pessoa, que têm uma boa conversa e que seu amigo online as entende. Essas pessoas ganham a confiança das crianças para poderem lentamente separar, isolar e começar a manipulá-las.

DIRETRIZES DE SEGURANÇA PARA TECNOLOGIA EM CASA

Mesmo que as crianças pequenas não tenham seus próprios aparelhos, qualquer pessoa em sua casa pode potencialmente ter acesso aos seus aparelhos eletrônicos e à sua internet. Considere algumas das seguintes diretrizes de segurança a respeito da tecnologia em casa.

É vital que você tenha controles parentais em todos os aparelhos, bem como no seu acesso à internet. As crianças são incrivelmente espertas para contornar esse controle. Mesmo quando elas não estão tentando contorná-lo, há muitos aplicativos que permitem a indivíduos maldosos obterem acesso ao mundo do seu filho — seus videogames, aplicativos e outras tecnologias.

Existem muitos bons controles parentais que você pode comprar, baixar ou que vêm incluídos nos aparelhos. É importante considerar se esses controles filtram conteúdo perigoso, alertam sobre atividades suspeitas ou bloqueiam certas palavras, imagens ou até mesmo desligam em horários predeterminados. Novos recursos estão sempre evoluindo, por isso é necessário fazer a pesquisa com antecedência. Antecipe-se ao que seu filho pode, intencionalmente ou não, encontrar ou ser tentado a ver. Esteja ciente do que o torna vulnerável e quem ou o que pode tentar persegui-lo online.

TENHA UMA POLÍTICA DE APARELHO ABERTO

Isso significa que todos os aparelhos serão verificados e todos serão responsabilizados pela forma como os usam. O princípio é de responsabilidade, transparência e boa administração. Queremos ensinar às crianças a administração de seus aparelhos, bem como a autodisciplina de desligá-los e se afastar. Até que as crianças tenham idade suficiente e amadureçam ou sejam responsáveis o suficiente para fazê-lo, é trabalho dos pais monitorar isso para elas.

Tudo o que publicam online deve ser entendido como algo público e acessível, independentemente de quão rigorosa seja a configuração de privacidade em qualquer aplicativo. Ajude seus filhos a entender que é difícil apagar seus rastros digitais. Você pode abrir uma conta de mídia social e depois decidir excluí-la, mas muitos encontraram maneiras de desenterrar coisas de anos atrás que as pessoas pensavam ter sido apagadas para sempre. Os jovens não têm a visão mais ampla de que as coisas temerárias que podem dizer ou fazer online hoje podem voltar para prejudicá-los semanas, meses e anos depois. É responsabilidade dos pais ajudar seus filhos a aprenderem essas lições antes que as consequências sejam grandes demais para corrigir.

É aconselhável manter todos os eletrônicos fora do quarto da criança. Diversos estudos mostraram que ter um aparelho por perto causa impacto no sono das crianças. Elas são tentadas a usá-lo a qualquer hora da noite, muitas vezes promovendo um hábito viciante. Os jovens também são mantidos acordados pelo brilho e iluminação da tela e pelos constantes alertas de mensagens de texto e novas notificações. Seu filho dirá que precisa do aparelho como um despertador, mas a resposta mais simples é comprar um despertador, em vez de permitir-lhe ficar excessivamente conectado a um aparelho.

É sempre útil deixar todos os aparelhos carregando à noite em um local centralizado. Algumas famílias fazem isso na cozinha ou na sala de estar. Alguns pais optam deixar em seu próprio quarto para as crianças não ficarem tentadas a usar o aparelho quando ninguém estiver por perto. Há também bons controles parentais que desligam automaticamente a internet. Em geral, é aconselhável desencorajar o uso de aparelhos em locais privados (como banheiros) e, em vez disso, desenvolver rotinas nas quais as crianças saibam que devem usar seus aparelhos em áreas comuns, onde qualquer pessoa possa ver o que estão fazendo. Pode haver algumas exceções, mas promover a abertura e a prestação de contas é uma boa prática.

Poderíamos falar mais sobre formas úteis de gerenciar a tecnologia, como uma regra de "nenhuma tecnologia durante as refeições", impedindo que as crianças usem seus aparelhos durante as refeições em família, em casa ou num restaurante. Contudo, pelo escopo deste livro, nos detemos em maneiras de proteger nossos filhos dos perigos que a tecnologia apresenta.

Muitos pais hoje acham que é "normal" permitir que as crianças tenham aparelhos, além de presumirem que seus filhos estão preparados para o que encontrarão. Esteja disposto a proteger o coração de seus filhos pelo bem deles. Eles podem ser facilmente feridos ou corrompidos pelas coisas deste mundo e, como crianças, ainda não desenvolveram a sabedoria para reconhecer que estão sendo prejudicados. Você tem de erguer a proteção por eles.

Independentemente de quando e como seus filhos chegarem à tecnologia, converse com eles sobre os perigos predominantes na internet. Diga-lhes que você sabe que coisas como *sexting* e *cyberbullying* acontecem, e, caso sintam que isso está acontecendo com eles, você deseja saber *e os apoiará*. Repetidas vezes, as crianças precisam ouvir que seus pais não ficarão zangados nem castigarão, mas estarão do lado de seus filhos e os apoiarão enquanto entendem coisas difíceis que estão acontecendo ou se fizeram escolhas imprudentes.

PORNOGRAFIA E IMAGENS ONLINE

Isso nos leva a discutir o que fazer quando as crianças são abordadas online ou veem algo impróprio. Quanto mais você tiver conversas abertas com seus filhos sobre perigos como a pornografia, mais preparados e dispostos eles estarão a compartilhar com você o que veem. Seus filhos precisam ouvir que nenhum tópico está fora dos limites e que você é forte o suficiente para ouvir qualquer coisa difícil que eles compartilhem.

Você pode fazer isso levantando tópicos que eles podem relutar em discutir. Pode ser uma pergunta como: "Você já olhou ou recebeu uma foto de alguém nu? Se recebeu, como era? Como você se sentiu? Se nunca viu nem recebeu, o que você acha que faria?". Isso leva a uma conversa sobre o que você gostaria que eles fizessem: contar imediatamente aos pais; excluir se veio em uma mensagem; recusar-se a dar uma foto sua se alguém pedir etc.

Demonstre aos seus filhos que é seguro conversar sobre pornografia com você e que é vital ouvirem o que Deus tem a dizer sobre essas coisas. Mesmo o fato de puxar o assunto à mesa durante o jantar ajuda a demonstrar que, como família, vocês se sentem confortáveis em falar sobre tais assuntos. Você está demonstrando que sabe que essas coisas existem e não tem medo do assunto. Seja o primeiro a dizer: "É possível que você veja imagens de pessoas nuas ou fazendo coisas impróprias em uma foto. Isso pode deixar você surpreso, confuso ou curioso. Queremos que você venha até nós e nos diga, para o ajudarmos a saber o que fazer." Este não é um roteiro a ser seguido, mas uma mentalidade para que seus filhos saibam que você espera eventos assim e sabe lidar com eles. É tentar normalizar a realidade de que há coisas ruins lá fora no mundo, e você está aqui para ajudá-los a lidar com isso.

Aqui entra a importância de conhecer as tendências de seus filhos. Um de nossos filhos era altamente sensível a imagens, fossem elas impróprias ou assustadoras. Sua reação era cobrir os olhos até que a imagem desaparecesse. Outro de nossos filhos ficava hipnotizado pelas imagens e se aproximava com total curiosidade. Ambas as respostas nos dizem algo sobre as fraquezas e formas de reagir de nossos filhos. Pistas como essas ajudarão a moldar a sua maneira de educar crianças diferentes.

Aqui estão algumas formas de estabelecer proteções para as crianças na internet que você pode considerar:

- Estabeleça desde cedo os princípios de boa administração e responsabilidade. Sua intenção é que sua família aprenda a administrar bem a própria vida. Tudo o que eles têm, incluindo acesso à tecnologia e a aparelhos eletrônicos, é um privilégio e uma responsabilidade. Com essa responsabilidade vem a prestação de contas e a expectativa de uma disposição de serem transparentes e capazes de responder pelo modo como gerenciam o que lhes é dado.

- Tenha sempre controles parentais nos aparelhos familiares. Independentemente das regras que você estabelecer para sua casa, é importante ter proteções acionadas para seus filhos. O controle parental dá às famílias a capacidade de filtrar conteúdo explícito ou indesejado, permite gerenciar o tempo gasto pelas crianças nos diversos sites, jogos ou compras e desligar quando os limites de tempo forem atingidos. Os controles parentais ajudam a fornecer uma responsabilidade natural e lições de boa administração sem que você precise policiar ou brigar para obter acesso aos seus aparelhos.
- Considere por que você permite que as crianças tenham contas em certas redes sociais, plataformas ou acesso à internet. Elas realmente precisam disso? É uma maneira necessária de se comunicarem com clubes, escolas ou grupos de jovens? Quais são os prós e contras, perigos e benefícios?
- Considere quais padrões de estilo de vida saudáveis você deseja ajudar os jovens a estabelecer. Seja proativo em impedir que as crianças usem aparelhos durante toda a noite, criando hábitos para uma boa noite de sono e estabelecendo regras que mantenham os aparelhos fora dos quartos, sendo usados em áreas comuns.
- O que é necessário pode variar de uma criança para outra. É importante estabelecer princípios e regras básicos para sua casa, bem como saber quando adaptar as regras por causa das necessidades de alguém ou por certo tempo.
- Ao ajudar os jovens a decidir como lidar com os aparelhos, treine-os para evitar colocar informações pessoais online. Descreva quais informações podem ser seguras para postar (primeiro nome, idade, série) e o que é imprudente postar (sobrenome, endereço, números de telefone, nome da escola etc.). Ajudá-los a entender como essas informações podem ser mal utilizadas será bom para eles discernirem se o que estão prestes a dizer é sábio ou não. Eles devem dizer se estão sozinhos em casa? É prudente anunciar que vocês sairão de férias (e a casa estará vazia)?

- Explique que expressar ou desabafar seus sentimentos online não é apenas imprudente, mas pode ter consequências graves. Em um momento de raiva, coisas duras podem ser ditas e, depois, causarem uma reação em cadeia.
- Converse bastante sobre o que é impróprio online, como imagens ou comentários, bem como conversas sexualmente explícitas; encoraje-os a contar a você ou a outro adulto de confiança caso sejam expostos a esse conteúdo, intencionalmente ou não. Ensine-os a nunca responder ou enviar uma foto. Lembre-os de que você sempre quer saber caso se envolvam com algo do tipo, e que nunca terão problemas por lhe contar. Se as crianças sentirem que serão culpadas, isso as fará esconder o que estão vendo e impedirá você de ajudá-las a reagir.
- Esteja você também presente online. Você deve sempre ser um amigo ou uma conexão em qualquer site onde seus filhos estejam, para poder ver como eles se apresentam e continuar a disciplinar seus filhos enquanto eles formam sua própria identidade. Você também pode observar o que os outros estão dizendo e postando nas contas do seu filho. Isso ajudará você a estar atento a qualquer *bullying* ou interações negativas, o mais cedo possível.

Isso pode parecer um trabalho enorme a ser feito (e é muito trabalho!). Mas lembre-se de que seu objetivo geral é criar seus filhos para discernirem o certo e o errado e desejarem andar na direção certa. Fazer o trabalho árduo que Deus o chamou para fazer ajudará a manter seus filhos seguros. Já aconselhei muitos pais cheios de arrependimento por não terem feito o trabalho árduo nem tomado as medidas apropriadas para proteger seus filhos. Felizmente, sabemos que Deus pode usar nossos erros e fracassos. *Nunca é tarde demais* para tomar essas medidas. Pode ser mais difícil desfazer maus hábitos, pode demandar mais esforço e persuasão, mas sempre valerá a pena. Melhor ainda seria começar a trabalhar proativamente para proteger seus filhos. E, enquanto você faz esse trabalho árduo com eles, não se esqueça de sempre lembrá-los de que Deus é nossa defesa final.

Capítulo 9
QUANDO AS CRIANÇAS PRATICAM OU SOFREM *BULLYING*

Antes, sede uns para com os outros benignos, compassivos, perdoando-vos uns aos outros, como também Deus, em Cristo, vos perdoou. (Ef 4.32)

O apóstolo Paulo estabelece um padrão elevado para nós e nossos filhos de como devemos tratar uns aos outros; somos chamados a ser benignos, compassivos e perdoadores — como Jesus. Um modelo de bondade bíblica é aquele que procura servir, se preocupa com as necessidades dos outros, edifica e fala de forma caridosa, independentemente das diferenças pessoais. Lembre-se: para avaliar o comportamento, nossos filhos devem aprender o que é certo e bom. Mais importante ainda, nossos filhos precisam que vivamos isso à vista deles. Efésios 4.32 pode definir o padrão em sua casa de como você e seus filhos tratam parentes, amigos e conhecidos. Faça com que seus filhos memorizem e usem o texto com frequência como família. Será um guia útil para muitas situações em que as crianças se encontram, mas se aplica diretamente a comportamentos de *bullying* que seu filho pode experimentar ou mesmo participar.

Ao ensinar nossos filhos sobre *bullying*, é importante que eles sejam capazes de identificar o que é a bondade. Isso pode parecer óbvio, mas nossos filhos estão crescendo numa cultura cada vez menos caridosa. Parece-nos justificável sermos rudes, grosseiros, duros e ousados em nossas opiniões e comentários — especialmente online ou em praça pública. Sentimos ter o direito (talvez até a responsabilidade) de ficar indignados e ser ácidos em nossas respostas a pessoas que não compartilham nossas opiniões firmes. As crianças estão assistindo e se tornando igualmente antipáticas.

Não só é possível que seu filho seja alvo de *bullying*, como também é possível que ele ceda a praticar *bullying*. Seja por pressão dos colegas, frustração pessoal, desejo de se vingar ou na esperança de se encaixar no grupo errado, as crianças acabam participando de maus-tratos a seus colegas. É difícil para um pai imaginar que seu filho poderia praticar *bullying*, mas este pode assumir muitas formas. As crianças podem nem sequer considerar o que estão fazendo como *bullying*. Comportamentos de *bullying* podem incluir coisas como ações ameaçadoras, zombar ou ridicularizar, intimidar ou coagir outras pessoas a fazer sua vontade.

Há grandes chances de que você mesmo tenha experimentado isso. Alguém lhe disse coisas ofensivas pessoalmente, por mensagem ou online. Talvez alguém tenha tentado desmerecer você ou o trabalho que você faz. Seja um vizinho, colega de trabalho ou um estranho na internet; sejam críticas à sua fé ou posição política, todos nós enfrentamos a indelicadeza. Todos precisamos aprender a responder ou até mesmo às vezes ignorar isso. A questão é: quando a indelicadeza se transforma em um comportamento cruel ou em *bullying*? O *bullying*, especialmente com nossos filhos, não deve ser ignorado. As crianças podem ser ameaçadas e maltratadas por aqueles que são mais velhos, mais fortes ou mais agressivos. Abordar a questão do *bullying* significa entender por que seu filho pode ser vulnerável a ele ou por que pode vir a praticá-lo.

TENDÊNCIAS DE *BULLYING*

Meninos e meninas praticam *bullying*. Os meninos o fazem com mais frequência e são mais propensos a sofrer *bullying* físico. As meninas são mais propensas a sofrer *bullying* emocional e provocação sexual. Comportamentos que na verdade constituem *bullying* podem parecer atos indelicados "normais" — talvez você possa até encorajar seu filho a ignorá-los. No entanto, o que os torna mais sérios é que muitas vezes são ações repetidas e habitualmente cruéis. Outro critério é a percepção (pelo agressor ou outros) de um desequilíbrio de poder ou posição. Essa é a diferença entre um conflito que exige que as crianças aprendam a resolver as coisas entre si e os maus-tratos que requerem intervenção. Aqueles que são vistos como fracos, menores, impopulares, pouco atraentes ou diferentes de seus colegas têm maior probabilidade de serem maltratados. E aqueles que estão maltratando os outros geralmente são vistos como mais fortes, mais poderosos ou influentes, mais populares, mais velhos, e podem punir ou ferir.

As crianças também podem ser alvo devido a um temperamento que pareça tímido, passivo, medroso ou pouco assertivo. Entender isso ajuda os pais a serem proativos e ensinar habilidades a seus filhos para que eles saibam como falar e ser assertivos quando o momento exigir. Encenação e prática são muito importantes neste caso, pois você está tentando ajudar seu filho a se sentir confortável fazendo algo que não parece natural para ele. Para defender o que é certo ou obter ajuda, eles precisam praticar o que fazer e dizer.

As formas de manifestação mais comuns do *bullying* são as seguintes:

- Físicas: empurrar, bater, chutar e desequilibrar
- Verbais: zombar, xingar, ridicularizar ou depreciar
- Sociais: isolar colegas, espalhar mentiras ou rumores, ou espalhar imagens ou informações embaraçosas sobre outro colega
- Danos à propriedade: rasgar mochila, jogar lanches fora, tomar aparelhos e quebrá-los, roubar de colegas

O *bullying* evoluiu do típico cenário de parquinho onde as crianças são caçoadas para o *cyberbullying*. O *cyberbullying* ou ciberassédio é uma forma de *bullying* ou assédio usando meios eletrônicos. Também é chamado de *bullying* online. Tornou-se cada vez mais comum, especialmente entre os adolescentes, à medida que a esfera digital se expandiu e a tecnologia avançou. *Cyberbullying* é quando alguém (normalmente um adolescente) assedia ou ameaça outras pessoas na internet. O *bullying* em si já é prejudicial para os jovens, mas com o *bullying* online o impacto vai além do pátio da escola e chega às casas. Ele invade a vida das crianças de maneiras que parecem inevitáveis.

Se seu filho for alvo de assédio online, não presuma que ele lhe dirá o que está acontecendo. Muitas crianças escondem isso de seus pais. Por favor, não espere para falar sobre esses problemas até suspeitar que algo possa estar acontecendo. Se você não estiver conversando com seus filhos sobre esse problema, eles terão de descobrir como responder por conta própria, e os resultados podem ser devastadores. Para muitos adolescentes, o *bullying* leva a sentimentos de desespero e desesperança, e muitas vezes eles buscam formas pouco saudáveis para lidar com isso, incluindo: ceder às demandas, tentar agradar, revidar com comportamentos semelhantes ou desistir e cogitar o suicídio porque não conseguem ver outra saída.

PASSOS PRÁTICOS PARA TRATAR DO *BULLYING*

Estimular a conversa é essencial. Ensinar bondade e respeito às crianças como um estilo de vida é vital. Observe quando outros demonstram isso e indique a seus filhos. Incentive-os a perceber quando não demonstram e use isso como um momento de aprendizado para discutir o que poderia ou deveria ser feito. Mesmo pequenos atos de grosseria e provocação devem ser avaliados. Ajude as crianças a estarem mais conscientes de como e quando alguém pode se ferir, mesmo com brincadeiras e provocações.

Ensine seus filhos a serem assertivos da forma correta. Incentive-os a expressarem seus sentimentos com clareza, a terem liberdade para dizer quando se sentirem desconfortáveis ou pressionados, e permita que eles se defendam. Dê-lhes opções de como se afastarem de situações preocupantes ou perigosas. Eles nem sempre entenderão tudo ou analisarão uma situação corretamente; é por isso que a prática e a discussão são tão valiosas, para que possam aprender a pensar nas coisas e adquiram sabedoria e discernimento.

É importante ser alguém que está disposto a intervir ao ver maus-tratos. Quando nossos filhos nos veem defendendo os vulneráveis, eles estão observando e aprendendo maneiras piedosas de defender aqueles que precisam de ajuda. Por exemplo, se você intervém para ajudar um idoso que está sendo maltratado por adolescentes no estacionamento de uma loja, você está dando exemplo de coragem e compaixão para seus filhos. Eles também estão aprendendo como os outros devem responder a eles. Quando você diz a uma criança mais velha no parquinho que é indelicada e rude para não falar de forma grosseira com seus colegas, você está demonstrando como responder a maus-tratos. Incentive seus filhos a se posicionarem contra os maus-tratos quando testemunharem algo. Fale sobre a quem recorrer, encene com eles como falar com alguém que pratica *bullying* e quando informar um professor, e o que fazer se o *bullying* não parar.

As Escrituras estão cheias de apelos para que o povo de Deus defenda os mais fracos ou mais vulneráveis: "Abre a boca a favor do mudo, pelo direito de todos os que se acham desamparados. Abre a boca, julga retamente e faze justiça aos pobres e aos necessitados" (Pv 31.8-9) e "Aprendei a fazer o bem; atendei à justiça, repreendei ao opressor" (Is 1.17).

Temos nas Escrituras histórias como a do Bom Samaritano (Lc 10.30-37), que interveio para cuidar de alguém que havia sido maltratado e espancado. A compaixão e a coragem são ensinadas e demonstradas quando vamos ao encontro das necessidades dos outros.

Ouça e ajude as crianças que lhe dizem que os outros as estão maltratando. Contar aos pais sobre o *bullying* não é fácil para uma criança ou adolescente. Se uma criança vier até você em busca de ajuda com o *bullying*, gaste tempo ouvindo-a e ajudando-a a processar o que ela está experimentando. Você pode ajudar uma criança a pensar em ideias sobre como reagir, ser um apoio para ela nos bastidores e discutir quando é importante que alguém intervenha em lugar dela. Saber que não está sozinha pode ajudar a criança a se sentir competente para tomar medidas e ser assertiva quando necessário.

Os pais têm regras e ideias diferentes sobre quando e como se defender contra o *bullying*. Seja concreto e prático sobre o que seu filho pode ou não fazer para se defender (revidar, afastar-se, intervir em favor de um irmão ou colega, encontrar um adulto para ajudá-lo). Ajude-os a considerar como e quando escolheriam reagir ao *bullying*.

Você também deve comunicar claramente as expectativas e consequências. É menos provável que seus filhos participem do *bullying* ou o permitam se as expectativas e as consequências forem claras. Quando crianças e adultos estão dispostos a parar com o *bullying*, mudamos o ambiente ao nosso redor. Transmita uma mensagem clara aos seus filhos de que você espera que eles demonstrem respeito e bondade.

Você também deve se sentir confiante em expressar à escola ou creche que o bem-estar do seu filho é sua prioridade absoluta, e você quer estar ciente de quaisquer comportamentos de *bullying* que envolvam ou afetem seu filho pessoalmente.

O *bullying* presencial e o online geralmente acontecem em conjunto. Mas o *cyberbullying* deixa um rastro digital que pode fornecer evidências para ajudar a impedir os maus-tratos. Saber disso ajuda as crianças a tomar medidas para informar os adultos que podem ajudá-las a acabar com os ataques. Os pais podem e devem ensinar as crianças a lidar com os perigos e possibilidades que vêm da atividade na internet.

Dicas para ensinar as crianças a responderem ao *cyberbullying* ou a condutas inadequadas online

- Decida quem pode ver seus perfis de redes sociais, enviar mensagens diretas ou comentar suas postagens, utilizando as configurações de privacidade da conta.

- Discuta quando relatar mentiras ou informações falsas. Isso prejudica outra pessoa? Está espalhando informações erradas que podem causar danos à reputação de alguém?
- Denuncie a alguma autoridade cuidadosa (professor, administrador, pai, treinador etc.) qualquer pessoa que esteja postando fotos ou vídeos impróprios, embaraçosos ou de nudez de alguém nas redes sociais.
- Nunca envie, ria, participe ou tolere mensagens, imagens ou vídeos ofensivos, abusivos ou ameaçadores por meio de plataformas de mensagens.
- Denuncie comentários, mensagens, fotos e vídeos prejudiciais e solicite que sejam removidos da rede social.
- Além de "desfazer amizade", você pode bloquear completamente as pessoas para impedi-las de ver seu perfil ou entrar em contato com você.
- Você está no controle e é responsável por suas contas, independentemente do que os outros possam tentar comentar. Você pode e deve escolher quais comentários deseja que sejam vistos em suas redes sociais. Você pode excluir publicações no seu perfil ou ocultá-las das pessoas, conforme necessário.

Muitas crianças temem ser estereotipadas ou rotuladas como fofoqueiras ou dedos-duros. Esses rótulos impedem que as crianças vejam o que realmente está acontecendo (maus-tratos ou ações impróprias) e, em vez disso, as deixam na defensiva. Ajudar as crianças a entender que os outros podem rotulá-las como dedos-duros (apenas por quererem silenciá-las) lhes dá uma razão para se impor e falar contra o *bullying* onde quer que o vejam ou vivenciem.

Um princípio orientador para seus filhos lidarem com tudo isso é Efésios 5.11-12: "E não sejais cúmplices nas obras infrutíferas das trevas; antes, porém, reprovai-as. Porque o que eles fazem em oculto, o só referir é vergonha." Estabeleça o padrão da bondade de Cristo para seus filhos e capacite-os a assumir uma posição contra o que é errado e imoral.

Capítulo 10:
PREPARANDO AS CRIANÇAS PARA O CASO DE SE PERDEREM

Em me vindo o temor, hei de confiar em ti. (Sl 56.3)

Quando uma criança se perde, a coisa mais natural para ela é entrar em pânico. Quando as crianças entram em pânico, muitas vezes não pensam com clareza e podem ficar paralisadas. Isso as deixa abaladas ou, pior ainda, vulneráveis a serem abordadas pela pessoa errada. É por isso que a encenação e a prática são tão importantes. É natural que as crianças entrem em pânico num momento de medo, mas, quanto mais praticarem e repetirem situações potenciais, maior a probabilidade de se lembrarem do que aprenderam e colocarem isso em prática. Se feito corretamente, isso não gerará medo nas crianças, mas lhes dará confiança e competência.

Ensine a elas que, aonde quer que forem, Deus vai adiante delas e com elas. Construa em seus filhos a verdade de que eles nunca estão verdadeiramente sozinhos e que Deus é "socorro bem presente" em tempos de tribulação (Sl 46.1). Então, fale sobre como Deus pode ser ajuda e conforto para eles na tribulação de estarem perdidos: podem orar por ajuda; podem recitar uma passagem que memorizaram; podem pedir sabedoria a Deus, o qual lhes dará generosamente. Você pode ajudá-los a memorizar um versículo curto como o Salmo 56.3, que eles possam lembrar quando estiverem com medo, e isso os ajudará a não entrar em pânico e a pensar no que você os ensinou a fazer em seguida.

Então, você pode tomar algumas medidas simples que os ajudarão a saber o que fazer caso se percam. Na maioria dos lugares aonde levávamos nossos filhos quando eles eram pequenos, eu parava e dizia: "Se você se separasse de mim, onde seria um bom ponto de encontro para eu achar você?". Se estávamos no shopping, eu os ajudava a escolher um grande chafariz, o carrossel do shopping ou um ponto de encontro fácil. Em um parque, eu os orientava a irem para o escorregador no parquinho, ou ficarem perto do banheiro público etc. Ajude-os a pensar em um ponto de encontro definido. Quanto mais envolvidos eles estiverem na decisão, maior a probabilidade de se lembrarem.

A QUEM RECORRER PARA OBTER AJUDA

Em seguida, ajude seus filhos a saberem a quem recorrer para obter ajuda. Como pai ou mãe, você pode ter muitas opções: peça-lhes que procurem por algum pai ou alguma mãe, uma mulher, um oficial de segurança, um funcionário do shopping etc. Embora existam muitas maneiras de tratar do assunto, quero convencer você de que algumas são mais úteis que outras. Por exemplo, quando uma criança está perdida, se você lhe diz para procurar um oficial de polícia, com que frequência um policial estaria acessível, ou mesmo por perto? Para crianças pequenas, qualquer pessoa vestida com um uniforme (até mesmo o zelador) pode parecer um oficial.

Uma estratégia que usei com meus filhos quando eles eram pequenos foi orientá-los a procurar uma mãe com filhos. Por quê? Há vários motivos: primeiro, fazer com que a criança escolha a quem recorrer evita que o pânico e o medo se instalem; ela saberá imediatamente o que fazer. Ajudá-la a saber quem deve procurar também a impede de ser abordada por um adulto indesejado (e potencialmente perigoso). Onde quer que ela esteja, se tiver recebido as habilidades para saber o que fazer, a quem procurar e o que dizer, ela se sentirá mais confiante. No momento em que se perder, saberá que deve procurar uma mãe com filhos.

Em segundo lugar, uma mãe com filhos provavelmente terá instintos protetores maternos por uma criança perdida. Se meu filho se perdesse, eu certamente gostaria que alguém com instintos maternos o protegesse até eu encontrá-lo. Em terceiro lugar, na grande maioria das vezes, o criminoso é do sexo masculino. Embora existam mulheres criminosas (que são igualmente perigosas), as chances de meu filho escolher uma delas para se aproximar, que esteja com filhos, é bem menor.

O QUE DIZER

Muitas vezes, temos a falsa certeza de que as crianças sabem como pedir ajuda. Muitas crianças, no entanto, nem sequer sabem o primeiro nome ou o número de telefone dos pais. Alguns jovens compartilham demais online e podem expor muitas informações. Aqui está a importância de ajudar as crianças a entender que situações diferentes exigem respostas variadas. Crianças que jogam online nunca devem fornecer seu número de telefone, endereço ou informações pessoais quando solicitadas. Crianças perdidas em uma loja devem ser incentivadas e preparadas para fornecer um número de telefone, compartilhar seu nome ou o nome de seus pais, ou saber como entrar em contato com alguém.

Informações básicas que todas as crianças devem saber:
- Nome e sobrenome dos pais;
- Números de telefone dos pais (a maioria das crianças pressiona apenas um botão em seu telefone para ligar para a mãe ou o pai, mas isso impede que as crianças estejam preparadas quando estão sem seu próprio aparelho);

- Seu endereço, nome de sua escola, que igreja frequentam, o nome completo de um professor (isso é útil no caso de se separarem num evento escolar ou viagem de campo, ou num evento ou viagem da igreja).

As crianças podem ser preparadas com antecedência para eventos especiais, como uma viagem escolar, retiro da igreja, apresentação etc. Para isso, é preciso usar as informações básicas que aprenderam e ajudá-las a aplicá-las ao contexto em questão. Alguns pais podem fazer um cartão com informações importantes sobre a criança (série, nome do professor, a escola e um número de telefone) e colocá-lo no bolso do casaco dela. Em vez de memorizar novas informações o tempo todo, isso ajuda a criança a saber quais informações dar, ou permite que ela simplesmente tire o cartão do bolso caso precise de ajuda.

Por exemplo, seu filho pré-adolescente está indo a uma apresentação com um grupo de colegas e o pai de um deles. Ele está animado para ir a um show, sair com seus amigos, e ignora totalmente a ideia de que pode precisar de ajuda. Você quer que ele fique animado e sem medo, mas também quer que esteja preparado caso precise de ajuda.

Você o prepara com o nome completo dos adultos que estarão presentes. Talvez você o faça gravar em seu telefone, junto com o número deles. Talvez você saiba que ele estará perto da casa de seus tios, então também inclui seus nomes completos e números de telefone, caso ele precise entrar em contato com um parente próximo. No caso de crianças sem aparelhos, novamente, você pode anotar detalhes em um cartão que pode ser colocado no bolso.

No caso de um show, é preferível que seu filho seja capaz de contactar imediatamente o adulto acompanhante ou outro que esteja perto, e só então encontrar uma maneira de contactar você para que você fale com o acompanhante. Você está tentando dar a ele a maneira mais simples de obter ajuda imediata e se reencontrar com seu grupo.

IDENTIFIQUE UM PONTO DE ENCONTRO

Se eu fosse o adulto levando um grupo de crianças, eu as pararia no local e identificaria um ponto de encontro facilmente reconhecível para ir, caso alguém se separasse do grupo. Identificar um ponto de encontro caso as pessoas se separem é uma ótima prática para estabelecer com sua família. Ninguém planeja que isso aconteça, mas todos são gratos por esse plano de segurança quando se perdem.

Há muitos anos, levamos nossos filhos a um parque de diversões. No fim do dia, nosso filho mais novo estava cansado, então o levei de volta ao hotel enquanto meu marido ficava com as crianças mais velhas para continuar a diversão. Enquanto estávamos sentados no hotel, percebi que não tínhamos revisado nossa rotina normal de "Onde nos encontraremos se nos separarmos? A quem você recorre? Qual é o nosso nome e número de telefone?". Dei de ombros e não me importei muito, *até* que as crianças entraram pela porta, chorando, chateadas e reclamando, com meu marido seguindo e balançando a cabeça frustrado.

Tentando negociar com várias crianças que queriam ir a atrações diferentes, ele deixou algumas delas na fila de uma atração e então levou outra criança para outro brinquedo nas proximidades. Ele disse às crianças que estaria parado entre as duas atrações, esperando todos saírem, e ele se posicionou de forma que pudesse ver as saídas dos dois.

Enquanto isso, duas das crianças decidiram que não queriam mais ficar na fila e preferiram se juntar ao irmão no outro brinquedo. Saíram de uma fila e foram procurar a outra atração. Já estava escuro, com luzes piscando por todo o parque de diversões, montanhas-russas passando atrás deles e muito barulho. Ficaram desorientados e não conseguiram encontrar o início da atração; também não conseguiram encontrar o caminho de volta para onde meu marido estava esperando.

Quando ambas as atrações terminaram, ele estava com duas crianças a menos, as quais não estavam em lugar nenhum. Quando ele as encontrou, a quem haviam recorrido quando se perderam? Um grupo de adolescentes! Além de não ser o que os treinamos para fazer, essa seria praticamente a última opção que eu gostaria que eles escolhessem. Era um momento perfeito para colocar em prática tudo o que tinham aprendido, e foi um fracasso.

Ali estavam quatro crianças cujos pais se esforçaram muito para educá-las sobre o que fazer e quem procurar caso se perdessem. Tínhamos encenado e praticado com eles. No entanto, quando chegou a hora de colocar em prática, as coisas não saíram como planejado.

Por que todo o treinamento dado a eles pareceu não funcionar? Primeiro, a maioria das crianças que se sentem seguras nunca acham que precisarão das habilidades aprendidas. Nossos filhos nunca haviam se perdido nem tinham motivos para praticar na vida real as coisas que lhes ensinamos. É fácil se iludir e pensar: "Isso nunca vai acontecer comigo", até acontecer.

Em segundo lugar, quando nos encontramos em situações de medo, muitos de nós tendem a entrar em pânico ou paralisar. Ficamos desorientados e esquecemos o que fazer, mesmo que por um breve período. É por isso que a prática e a encenação são tão cruciais. Quanto mais fazemos isso, maior a probabilidade de nos lembrarmos dessas habilidades quando necessário. Em terceiro lugar, muitas crianças se sentem mais confortáveis recorrendo àqueles que parecem mais fáceis de abordar ou àqueles que elas talvez admirem. No caso de nossos filhos, era um grupo de adolescentes que pareciam agir de forma madura (na cabeça deles, pelo menos).

A única vez que não comecei a experiência com o típico "Bem, pessoal, onde nos encontraríamos se nos separássemos, e quem vocês procurariam caso se perdessem?" foi a única vez que eles poderiam ter usado esse lembrete. Embora pareça que toda a nossa encenação e treino não funcionaram, eu diria que é um ótimo exemplo de por que precisamos da prática e dos lembretes. A maioria das crianças não se lembrará do que fazer num momento de pânico. No entanto, quanto mais se pratica o que fazer, maior a probabilidade de todas as habilidades e instintos entrarem em ação e começarem a informar como superar uma situação difícil.

O SENHOR: NOSSO AJUDADOR FINAL

Podemos fazer todo o possível para preparar nossos filhos para as provações que enfrentarão, e então devemos colocá-los nas mãos do Senhor. É muito reconfortante podermos confiar em nosso Deus, que sempre sabe onde estamos e do que precisamos. Por mais que temamos que nossos filhos enfrentem um perigo potencial e a possibilidade de não lidarem bem com isso, também me lembro de que Deus vai à frente deles e será seu ajudador. Lembre seus filhos disso sempre que lembrá-los do que fazer quando se perderem.

Capítulo 11
QUESTÕES DE SABEDORIA: DORMIR FORA

Se, porém, algum de vós necessita de sabedoria, peça-a a Deus, que a todos dá liberalmente e nada lhes impropera; e ser-lhe-á concedida. (Tg 1.5)

Em sua essência, este livro é sobre crescer em sabedoria para proteger nossos filhos de um mundo perigoso. Em algumas questões, diferentes famílias encontrarão respostas diferentes, com base em sua situação, necessidades e até mesmo personalidades e preferências. Os próximos três capítulos destinam-se a ajudar os pais a pensar em como tomar decisões sábias em questões de dormir fora, palavras de segurança para a família e um plano de segurança familiar. A quantidade de informações pode parecer grande demais; contudo, ao ler, lembre-se de que são sugestões, opções e, às vezes, princípios de como abordar cada assunto. O Senhor dá sabedoria àqueles que pedem, e você tem liberdade para decidir como isso se aplica à sua família e às suas necessidades particulares.

PONTOS DE VISTA DIFERENTES
SOBRE DORMIR FORA

Das muitas decisões parentais, as dormidas fora de casa podem ser particularmente controversas para os pais, e é provável que você tenha uma opinião forte com base em sua própria experiência pessoal. Alguns pais se opõem a dormidas na casa de amigos, afirmando que os riscos superam em muito os benefícios. Outros pais têm memórias muito carinhosas e positivas de dormir fora e sentem que podem se preparar adequadamente e garantir a segurança em outra casa.

Desde o início, meu marido e eu tomamos a decisão de evitar dormidas fora de casa. Como conselheira, eu sabia muito das possíveis armadilhas e quão comuns são os riscos e problemas em dormir fora. No entanto, esta é uma diretriz de sabedoria para nós, mais do que uma regra inflexível. Deixe-me explicar. Havia casas em que podíamos nos sentir tão confiantes quanto possível a ponto de permitir aos nossos filhos passarem a noite em segurança. Embora, como regra geral, quiséssemos evitar dormidas fora, nosso desejo era poder abrir exceções à medida que nossos filhos ficavam mais velhos e as circunstâncias se mostravam seguras para isso. Poderia ser algo raro, mas queríamos estar abertos à possibilidade. Por exemplo, pode haver momentos em que uma noite longa ou uma viagem signifique que vamos chegar muito tarde. Faria sentido dirigir ainda mais para buscar uma criança de volta para casa ou era razoável dizer que nosso filho poderia passar a noite e estaríamos lá de manhã cedo para buscá-lo? Confiamos nos pais o bastante, fizemos as perguntas certas e tivemos confiança suficiente de que os riscos eram mínimos e os benefícios faziam sentido?

Sabíamos que inevitavelmente haveria circunstâncias especiais nas quais precisaríamos confiar em lares seguros para nossos filhos passarem a noite, seja por estarmos em outra cidade ou por termos outras situações que nos fariam depender de outra família para ajudar a cuidar de nossos filhos. Então, precisávamos ter casas preestabelecidas onde soubéssemos que poderíamos confiar que as medidas de segurança apropriadas seriam tomadas. Você pode decidir que só permitirá aos seus filhos dormir fora com parentes, primos ou familiares próximos. Não obstante, os mesmos riscos e precauções devem ser aplicados, por mais que você pense conhecer a outra família.

Alguns podem argumentar que essa abordagem seletiva cria muita confusão ou pode causar ressentimentos em algumas pessoas. Sim, existe esse risco; sim, seria mais fácil ter uma regra firme; e, sim, tivemos algumas ocasiões de conversa desconfortável, mas estávamos dispostos a permitir quando uma exceção fazia sentido. E, a propósito, havia pouquíssimas exceções desse tipo. Enquanto seus filhos crescem, pode ser confuso para eles saber que podem passar a noite em uma casa, mas não em outra. Contudo, se você considerar bem o motivo de fazer o que faz, estará ajudando seus filhos a ganharem algo muito melhor do que uma regra rígida e simples; eles estão aprendendo a ter sabedoria e discernimento.

Conversas cuidadosas sobre por que fizemos essas escolhas sempre foram necessárias, e essas conversas foram úteis para toda a nossa família. Descobrimos que nossos filhos podiam encontrar falhas em nosso pensamento que seria bom admitirmos e considerarmos. Também demonstramos para nossos filhos que não estávamos tomando nossa decisão sobre dormir fora como se fosse uma questão moral de certo ou errado, mas muito mais uma questão de sabedoria e convicção familiar pessoal.

E quanto a permitir que outros durmam em sua casa? É algo confuso ou um duplo padrão permitir que seus filhos convidem as crianças para dormirem em sua casa, mas não permitir que elas vão à casa de seus amigos? Muitos pais diriam que sim. É um ponto justo a considerar. Novamente, é uma questão de sabedoria. Você pode garantir segurança e supervisão em sua casa? Você tem confiança de que as crianças que você permite dormir em sua casa seguirão suas regras, mesmo quando não supervisionadas? Como você lidará com os aparelhos que elas trazem para casa? Os pais delas apoiarão as regras que você tem sobre onde a tecnologia deve ficar em sua casa? Muitas dessas são boas perguntas a considerar, mesmo quando os amigos de seus filhos estão simplesmente visitando.

Como família, muitas vezes abrimos nossa casa para o ministério. Servimos como lar adotivo temporário, o que significava que as crianças iam e vinham à nossa casa. Tínhamos pessoas que moravam conosco por uma temporada, e com isso vinham os riscos que sempre tínhamos de avaliar. Também queríamos que nossos filhos aprendessem o valor da hospitalidade e do acolhimento aos necessitados. Ocasionalmente, para nós, isso significava permitir que uma criança passasse a noite. Talvez isso pareça uma questão secundária ou irrelevante em relação a decisões sobre pessoas de fora dormirem em sua casa, mas não é. Preocupações, perguntas e riscos semelhantes devem ser avaliados. Como uma família que escolhe acolher situações ministeriais difíceis e desafiadoras para o nosso lar, a sabedoria ainda será necessária, e avaliar a segurança do nosso lar ainda é importante. Sua família pode optar por servir de maneiras externas à sua casa e não exigir essas considerações. Você pode optar por ter uma política de portas abertas e querer que os amigos de seus filhos e outras pessoas visitem regularmente. Independentemente disso, você pode ver como a sabedoria pode e deve ser o guia em tais circunstâncias.

AVALIANDO AS PREOCUPAÇÕES DE SEGURANÇA PARA DORMIR FORA

Vamos falar sobre as preocupações de segurança para o caso de dormir fora, seja em sua casa, seja enviando seus filhos para a casa de um amigo. Essas considerações ajudarão você a tomar decisões sábias, informadas e cuidadosas.

A ameaça mais óbvia que pode ocorrer ao dormir fora é a vulnerabilidade sexual ou abuso sexual. Como conselheira, posso atestar a validade dessa preocupação. Infelizmente, muitas vezes tive de ajudar famílias a lidar com as consequências de abuso sexual de seu filho ao dormir fora de casa. Muitas vezes, isso ocorria em casas que eles julgavam seguras. Por que isso acontece?

Pode haver vários fatores a serem considerados. Para começar, as famílias têm diferentes níveis de supervisão e regras. Uma família pode considerar uma prática normal ter irmãos dormindo nos quartos um do outro, enquanto outra não. Um pai pode se sentir confortável em permitir que seu filho adolescente esteja no comando quando seus amigos dormem em sua casa enquanto ele faz uma tarefa ou sai por algumas horas. Alguns pais podem considerar que uma boa supervisão consiste em estar em casa e presente, mas as crianças passam a maior parte do tempo em outro cômodo, longe da visão dos pais, jogando videogames ou navegando na internet. Outros pais podem se sentir confortáveis com os próprios filhos entrando e saindo das casas dos vizinhos, então permitem que os visitantes façam o mesmo, ou convidam as crianças vizinhas para virem enquanto os seus filhos estão visitando.

Mesmo que você faça todas as perguntas certas (e deveria!), há muitas circunstâncias imprevistas que você não pode planejar (a visita inesperada, o amigo de um irmão que aparece, uma mudança nos arranjos para dormir, quem terá acesso ao seu filho, o que fazer se seu filho acordar no meio da noite com medo e quiser voltar para casa, quais as regras locais sobre TV ou filmes etc.).

Pode haver muitas situações de "e se", por isso é importante considerar quais perguntas você deve fazer e o que você precisa saber antes de se sentir confortável até mesmo com uma noite de brincadeiras, e que perguntas adicionais você tem para permitir que as crianças durmam fora.

Você pode conhecer famílias com crenças e valores semelhantes, mas a maneira como esses princípios são vividos pode acabar sendo muito diferente. Por exemplo, uma família também pode acreditar que é muito importante limitar o uso da tecnologia e ativar controles parentais. Então, você presume que, quando seu filho passar a noite, haverá uma supervisão rigorosa. No entanto, quando seu filho volta para casa, ele relata ter ficado acordado a noite toda assistindo a filmes de terror, ou você descobre que ele passou três horas assistindo a vídeos online enquanto os pais estavam no andar de cima.

A tecnologia torna qualquer cenário mais complicado. Nas casas de outras famílias, as crianças muitas vezes podem ter acesso a aparelhos eletrônicos durante qualquer hora da noite. Os pais podem não permitir que as crianças usem um computador, mas o que acontece quando os pais vão dormir e as crianças ainda estão acordadas à meia-noite e entediadas? Se a casa não tiver controles parentais e bloqueios de tecnologia, as crianças podem procurar (e muitas vezes procuram) maneiras de navegar na internet e assistir a vídeos, ou até mesmo ver coisas assustadoras ou impróprias na TV.

Os riscos a serem considerados são significativos: um irmão mais velho com um aparelho que tenha acesso à pornografia, um adulto em casa com aparelhos desbloqueados, televisores nos quartos das crianças e muito mais. Torna-se cansativo até mesmo tentar entender que nível de supervisão ou controle cada casa tem sobre essas coisas. Muitas famílias não têm controle parental nos aparelhos e poucas regras são bem aplicadas. Talvez tenham regras muito boas, mas os filhos deles são espertos o suficiente para contornar os controles parentais.

O nível de conforto de uma família com linguagem, música e filmes próprios ou impróprios, ou seu nível de conforto com a presença de crianças vizinhas, tudo isso exige muita confiança de que uma família partilhe dos mesmos valores, expectativas e preocupações que você. Só porque alguém está sendo criado em uma família moral ou cristã não significa que você possa presumir que seus padrões de conduta são os mesmos. Você não pode supor que todos que frequentam ou vivem na casa deles têm a mesma mentalidade ou os mesmos valores que eles.

De filmes assustadores ou pornografia, salas de bate-papo, verdade ou consequência, até comportamentos perigosos ou imprudentes, dormidas fora oferecem uma oportunidade maior para tais situações por causa do período de tempo mais longo durante a noite e porque grande parte desse tempo muitas vezes se passa longe da visão dos pais. Sempre que nossos filhos estiverem visitando outra casa, é aconselhável fazer boas perguntas; porém, não é realista exigir que outra família esteja em conformidade com seus padrões (por melhor que você pense que eles sejam). Em vez disso, você deve avaliar e fazer escolhas com base no que você sabe e, às vezes, no que não sabe (quem estará presente, como eles são, que acesso à tecnologia eles terão etc.).

Não podemos exigir que a outra família esteja em conformidade com todos os nossos padrões, mas podemos e devemos fazer perguntas que nos ajudem a decidir se estamos confortáveis com nossos filhos em sua casa. Abaixo estão algumas sugestões de perguntas a serem feitas antes que seu filho passe algum tempo em outra casa:

- Quem mora na casa? Quem estará presente enquanto seu filho estiver lá?
- Quais são as diretrizes ou regras sobre tecnologia, filmes e TV? Como elas são aplicadas?
- Há irmãos mais velhos em casa? Eles são colocados no comando em algum momento?
- Você vai a algum lugar com meu filho? Quem vai dirigir?
- Você tem armas em sua casa? Elas estão seguras?
- Seu filho estará perto de alguém que fuma, usa *vapes* ou drogas?
- Como você lida com problemas de comportamento?
- Quais serão os arranjos para dormir?

Para seus filhos, você pode solicitar algo como:

- Eu gostaria que meu filho estivesse livre para me ligar sempre que ele pedir.
- Sinto-me confortável (ou não) com meu filho tendo acesso a _____ (tecnologia, jogos, certos programas ou filmes).
- Meu filho tem alergias a certos alimentos ou animais. Isso será um problema?
- Entre em contato comigo caso meu filho precise de disciplina.
- Quem tem permissão para ajudar crianças pequenas que precisam de ajuda para se vestir, usar o banheiro etc.?

Se tudo isso parece árduo para você, é porque é mesmo! Mas não deixe que o constrangimento, o medo de conversas desconfortáveis ou o cansaço impeçam você de fazer as perguntas que ajudarão a proteger seus filhos de situações arriscadas. Todas essas preocupações nos levaram a criar uma diretriz geral de normalmente não permitirmos que eles durmam fora. "O amor não pratica o mal contra o próximo" (Rm 13.10) também se aplica aos nossos próprios filhos; não queremos que nenhum mal lhes aconteça, por isso fazemos escolhas para mantê-los longe do perigo.

Capítulo 12
QUESTÕES DE SABEDORIA: DIRETRIZES PARA BABÁS

Se, porém, algum de vós necessita de sabedoria, peça-a a Deus, que a todos dá liberalmente e nada lhes impropera; e ser-lhe-á concedida. (Tg 1.5)

Outra questão que requer pedir sabedoria a Deus (e confiar que ele a dará) é decidir sobre cuidadores para seus filhos. Procurar uma babá ou um provedor de cuidados infantis pode ser uma missão assustadora para os pais. Alguns se sentem confiantes na babá ou cuidadora que possuem. Eles conhecem a pessoa há anos, a babá está familiarizada com suas regras e expectativas, e os pais estão confiantes de que saberiam se algo estivesse errado.

Ter alguém para cuidar de nossos filhos que conheça nossas rotinas, regras e expectativas é uma dádiva. Também pode nos levar a uma falsa sensação de confiança. Essa autoconfiança pode nos levar a esquecer de fazer boas perguntas ou nos impedir de procurar sinais de alerta importantes. A familiaridade pode ser reconfortante, mas também pode potencialmente nos cegar.

Outros pais podem sofrer com preocupações e inseguranças vagas ao deixar seus filhos em uma creche ou com alguém novo. Eles esperam que seu filho esteja seguro e sendo bem cuidado, mas vivem com um medo generalizado que os deixa perpetuamente ansiosos, sem conseguirem aliviar sua preocupação. Hipervigilância e ansiedade generalizadas certamente não são úteis, e são vagas demais para dar qualquer visão real sobre potenciais problemas. Quando não sabemos o que procurar ou como entrevistar um potencial cuidador para as crianças, isso nos impede de fazer escolhas confiantes.

DISCERNINDO AS PERGUNTAS CERTAS A SEREM FEITAS

Quando nossos filhos eram mais jovens, tivemos problemas ao decidir sobre cuidadores para as crianças e para saber quem poderia ser uma boa opção. Servimos como pais adotivos e sabíamos que em nosso caso uma babá precisaria de um nível de conhecimento e habilidade que talvez não fosse necessário para outras famílias. Também estávamos conscientes de que as necessidades das crianças em nossa casa poderiam variar conforme o momento. Ainda tínhamos personalidades fortes enquanto pais. Saber disso ajudou a definir que tipo de perguntas fazer ao entrevistar possíveis candidatas. Você também terá necessidades e circunstâncias específicas em sua família e, como nós, precisará pensar cuidadosamente sobre elas e pedir sabedoria a Deus sobre quais perguntas fazer e o que priorizar.

Em certa ocasião, entrevistamos uma possível babá. Fomos apresentados, fizemos perguntas introdutórias e depois nos concentramos em como ela lidaria com várias situações. Sabendo que tínhamos quatro crianças pequenas e agitadas e que nosso grupo poderia dar trabalho, nossa pergunta natural foi: "Como você lidaria com o mau comportamento de um de nossos filhos?" Sua resposta foi: "Ah, tenho certeza de que eles nunca fariam nada de ruim. Eu agiria com amor, e sei que eles serão bonzinhos comigo. Tenho certeza de que vão se comportar bem". Meu pensamento imediato foi: "Meus filhos vão acabar com você".

Nem preciso dizer que não a contratamos. Por mais encantadora que ela fosse, precisávamos de alguém que entendesse a natureza de crianças bagunceiras e tivesse a capacidade de lidar com o mau comportamento quando necessário.

Sempre me espanta o pouco esforço dos pais ao entrevistar uma babá, creche ou escola. Fazemos perguntas logísticas básicas: "Quanto você cobra? Quando você pode trabalhar? Qual é o cronograma? Quais são os horários de entrada ou saída?". Muitas vezes hesitamos, no entanto, em fazer as perguntas mais difíceis: "Quais são as suas regras em relação à disciplina? Você já trabalhou com uma criança que parecia estar sofrendo abuso? Como você lidou com emergências? Como você nos manterá informados e o que faria você ligar para um dos pais?".

Especialmente no caso de escolas ou creches, tendemos a confiar cegamente no fato de que uma instituição estabelecida pressupõe certo nível de credibilidade. Isso pode ser verdadeiro ou não. Raramente as famílias pedem para ver licenças, políticas de disciplina ou como uma instituição apoiará seus próprios objetivos para seus filhos.

Como existem inúmeras opções quando se trata de creches, babás e cuidadoras, é importante que vocês saibam o que perguntar, o que procurar e o que observar depois de tomar uma decisão. Antes de escolher, é importante considerar estas perguntas para instruir sua decisão:

1. Considerando as necessidades da minha família e dos meus filhos, o que procuro num serviço de cuidados infantis?
2. O que especificamente eu preciso que os cuidadores façam ou sejam qualificados para fazer?
3. Quais são as minhas expectativas em relação a cuidadores? A pessoa pode cumprir esse papel?
4. O que determinará se posso confiar ou ter segurança nessa pessoa?
5. Que tipo de valores ela inculcará em meus filhos, seja por ensino ou observação?
6. Como posso avaliar o comportamento da babá (ou dos meus filhos)?

7. Que qualificações preciso que uma babá tenha? É importante que ela tenha treinamento em primeiros socorros e/ou ampla experiência como babá?
8. Além de cuidar, o que mais vou pedir que ela faça, como limpar, fazer comida ou pegar as crianças na escola?

Depois de considerar suas necessidades, elabore uma lista de perguntas para a entrevista. Abaixo segue um exemplo de perguntas que você pode fazer a uma babá em potencial e o que suas respostas podem lhe dizer sobre essa pessoa:

1. "Por que você gosta de trabalhar com crianças? Do que você não gosta?" Perceba se ela parece agir naturalmente, se sente confortável e sabe interagir com as crianças.
2. "Você se incomodaria de me dar três referências e que eu verificasse seus antecedentes?" Uma pessoa que hesita em concordar acende um sinal de alerta.
3. "Para quantas famílias você já trabalhou como babá? De quantas crianças você já cuidou em uma casa?" Alguns pais preferem que ela não tenha nenhuma experiência, para poderem treiná-la em suas necessidades familiares específicas mais facilmente. Outros podem achar a falta de experiência um ponto negativo.
4. "Quais comportamentos incomodam você?" Preste atenção à resposta, mas complete com: "Como você lida com esses comportamentos?".
5. "Como você disciplinaria uma criança?" Isso mostrará quão rigorosa, leniente ou despreparada ela é em questões disciplinares. Também dá oportunidade para você compartilhar como gostaria que seus filhos fossem tratados quando a disciplina for necessária.
6. "Você já lidou com uma emergência? Conte-me a respeito e como você lidou com isso." Se ela não conseguir pensar em uma situação, compartilhe alguns problemas que ela poderia enfrentar com seus filhos e peça que lhe diga como responderia.

7. "Você se sente confortável em dar banho, ajudar a vestir ou trocar uma criança?" Isso permite que você fale sobre as diretrizes de sua casa e como você espera que ela trate seu filho em questões de privacidade e respeito com seu corpo. Também introduz a questão do abuso, caso você queira expressar que leva a sério qualquer risco para com seu filho e espera que ela também leve.
8. "Que atividades você faz com as crianças?" Como pai ou mãe, você quer saber quão envolvida e carinhosa ela será com seus filhos. Ela tem ideias criativas, gosta de passear e ir ao parquinho, ou deixaria seus filhos grudados em telas? É bom falar sobre suas expectativas.
9. "Você se sente à vontade para ficar longe do telefone ou mantê-lo conectado em um cômodo?" Como pai ou mãe, é importante que você tenha alguém cuja atenção não seja dispersa durante o trabalho. Estabeleça regras básicas de como você gostaria que ela lidasse com a tecnologia, para ela e para seus filhos. Também é uma oportunidade para discutir suas regras sobre convidar pessoas ou estar online com amigos enquanto cuida de crianças.
10. "Conte-nos sobre seus trabalhos anteriores como babá. O que deu certo e o que não deu? Que outros empregos você teve? O que você gostava ou não neles?"
11. "Você já suspeitou que uma criança estava sendo abusada? Como você lidou com isso ou como lidaria se tal preocupação surgisse?" Embora seja igualmente válido perguntar a uma babá se ela já abusou de uma criança, a maioria dos pais se sente desconfortável em fazer uma pergunta tão direta. Essa pergunta permite que você tenha uma noção de como essa pessoa lida com o assunto e o evidencia como um problema que você está disposto a enfrentar.
12. "Como você lida com a desobediência e a disciplina?" Você deve discernir como ela lida com a disciplina e como falaria com seus filhos sobre sua conduta ou incentivaria o bom comportamento.

13. "Já houve situações em que você discordou de um dos pais (e/ou de suas regras)? Como você lidou com isso?"
14. "O que você fará se meus filhos brigarem uns com os outros?" É sempre útil ver como ela lida com conflitos.

BABÁS ELETRÔNICAS E CÂMERAS DE VÍDEO

Você já se perguntou se ter uma babá eletrônica em sua casa protegerá seus filhos? É útil ter câmeras funcionando regularmente para observar o que está acontecendo quando você não está em casa?

Muitos pais não querem indicar que suspeitam daqueles a quem confiaram o cuidado de seus filhos. Eles optam por confiar que a babá é competente e sabe cuidar bem, ou que seus filhos os alertariam se algo estivesse errado. Eles não gostam da ideia de vigiar sua babá e acreditam não ter motivos para tanto.

Outros pais podem sentir certa hesitação. Talvez você sempre tenha tido um pouco de preocupação com a cuidadora, mas nunca conseguiu definir o porquê. Talvez você seja do tipo preocupado e se pergunte o que acontece quando você não está lá. Talvez ouça seus filhos reclamarem que a babá quase não brinca com eles e passa muito tempo no telefone, mas ela nega. Um pai ou mãe pode decidir que a única maneira de aliviar seus medos ou confirmar suas suspeitas é ter a capacidade de observar a babá ao longo do dia.

Mais uma vez, esta é uma questão de sabedoria. E talvez uma pergunta melhor para começar seja: confio nas pessoas que cuidam de meus filhos ou tenho alguma apreensão? Se você tem alguma preocupação, deve parar e se perguntar o motivo. Seja ela infundada ou não, vale a pena notar e avaliar. Você pode então decidir se precisa agir de acordo com suas apreensões. Não há nada mais importante do que se sentir o mais confiante possível de que criou um ambiente seguro para seu filho quando você não está presente. Se você já questionou isso, é importante estar disposto a dar uma olhada na razão e fazer algumas mudanças.

Uma câmera só servirá para proteger seus filhos se você for direto e disser a quem está cuidando deles que está sendo vigiado. Se você optar por manter isso em segredo, poderá pegar uma babá ferindo seu filho, mas não estará protegendo seus filhos do mal. Mesmo com câmeras, há limites no que você pode observar. Você pode ver o que está ocorrendo na frente da câmera. Quando a babá sai do campo de visão, você tem pouca clareza sobre o que está ocorrendo.

Se você optar por ter câmeras em sua casa, informe aos cuidadores. É uma questão de franqueza e uma maneira melhor de garantir aquilo que mais importa para você: proteger seus filhos de danos. Também passa a mensagem de que você é proativo e está disposto a conferir como estão seus filhos.

Para adquirir confiança em quem escolher como cuidador, esteja disposto a fazer muitas perguntas minuciosas (e às vezes desconfortáveis). Fazendo as perguntas certas, você encontrará a candidata certa e evitará as erradas. Não se sinta obrigado a seguir todas as sugestões incluídas aqui. Algumas perguntas podem ser relevantes para a sua família, mas outras não. Adapte essas ideias às suas necessidades domésticas e familiares.

Aqui estão alguns exemplos de perguntas a serem feitas a uma babá ao confirmar se foi tudo bem:

1. "Conte-me como foi o dia com as crianças. O que deu certo? O que não deu?" Observe que você supõe que ela terá tanto informações boas como potencialmente ruins para lhe dar. Isso ajuda uma babá que esteja hesitante em dizer se seus filhos se comportaram mal.
2. "O que você conseguiu fazer com as crianças enquanto eu estava fora?"
3. "Eles passaram algum tempo fora? O que fizeram dentro de casa? Quanto tempo passaram usando tecnologia?"
4. "Há algo que eu precise saber sobre como eles comeram ou o que comeram?"
5. "Há mais alguma coisa que você considera importante eu saber?"

Por mais que compartilhar essas informações pareça óbvio para uma cuidadora, pode não ser para uma babá jovem ou inexperiente. Quando você chega em casa, a cuidadora pode estar pronta para ir embora logo ou indo para a próxima atividade. Ou ela pode hesitar em compartilhar o que observou sem que tenha sido abertamente incentivada a fazer isso. Boas comunicações e expectativas são essenciais para ter uma babá com a qual você possa se sentir bem. É preciso sabedoria para decidir que nível de maturidade e conhecimento você espera de uma cuidadora de crianças e quanto você está disposto a ter o trabalho de treiná-la. De qualquer forma, é seu encargo proteger seus filhos contra aqueles que podem prejudicá-los, bem como colocar em suas vidas pessoas que os amam e cuidam bem deles. Usar as diretrizes e perguntas deste capítulo ajudará você a discernir a pessoa mais adequada para cuidar de seu filho e também a avaliar como ela está se saindo.

# Capítulo 13
QUESTÕES DE SABEDORIA: PALAVRAS DE SEGURANÇA E PLANOS DE SEGURANÇA FAMILIAR

Se, porém, algum de vós necessita de sabedoria, peça-a a Deus, que a todos dá liberalmente e nada lhes impropera; e ser-lhe-á concedida. (Tg 1.5)

Muitos pais incorporam palavras ou senhas de segurança ao plano de segurança de sua família. Por exemplo, se inesperadamente alguém for buscar uma criança na escola, em uma atividade extracurricular ou na casa de um amigo, essa pessoa precisaria saber a senha de segurança para a criança confirmar que não há problema em ir com ela. Se alguém aparecer em sua casa enquanto você estiver fora, a pessoa precisa saber a senha para que a porta seja aberta. Se uma pessoa que as crianças conhecem quiser que elas a acompanhem, e elas não souberem se é seguro, um teste poderia ser se essa pessoa conhece a palavra de segurança.

Palavras ou frases de segurança devem ser palavras que não são usadas com muita frequência, mas que não são confusas para a família. É útil que toda a família contribua na escolha da palavra, e deve ser algo fácil de lembrar (mas não facilmente adivinhado por estranhos). Conecte-a a algo que faça sentido para uma criança, como uma palavra divertida conectada a uma piada interna da família ou a um filme favorito; talvez uma palavra inventada ou um nome único.

Conforme as crianças crescem, também é útil considerar uma palavra de segurança para quando elas querem alertar seus pais ou um adulto de que precisam de ajuda para sair de uma situação. Um pai pode deixar sua filha brincar na casa de uma amiga, mas em determinado momento ela começa a se sentir desconfortável com outra criança ou adulto que está apresentando um comportamento perigoso. Uma frase pode ser útil quando uma criança está com outras pessoas e não quer deixar transparecer que quer ajuda ou que gostaria de se afastar de alguém. Pode ser algo como: "Mãe, esqueci de lhe dizer que o tio Charles ligou" (sendo que não existe nenhum tio Charles).

Seja qual for a situação que seu filho esteja enfrentando — talvez comentários ou comportamentos físicos ou sexuais indesejados, comportamento agressivo ou de *bullying*, ou até mesmo um ambiente hostil, com um nível desconfortável de gritos e hostilidade em casa —, é importante que seu filho tenha uma forma segura de entrar em contato com você. Se seu filho estiver usando o telefone de outro adulto ou sentir medo de dizer que não está seguro, é útil ter uma palavra ou frase em código que possa falar para o alertar de que precisa de ajuda. Pode ser uma frase como "Mãe, você se recorda de ter pedido que eu lhe lembrasse de dar comida ao nosso hamster" (mas você não possui um hamster). Ou "Pai, o Beto disse que vai se atrasar esta noite". Uma frase é muitas vezes útil porque não pode ser detectada como algo estranho ou fora do normal por alguém que esteja ouvindo por perto. O pai pode, nesse momento, dizer "Então você precisa da minha ajuda?" ou "Você precisa que eu vá até aí agora?". A criança pode simplesmente dizer "sim" ou "não". Em seguida, um dos pais pode pegar o telefone e criar um motivo para buscar seu filho, ou pode optar por simplesmente aparecer sem avisar e responder conforme a situação exigir.

DESENVOLVENDO UM PLANO DE SEGURANÇA FAMILIAR

Embora nossa esperança e oração seja nunca precisarmos usá-lo, também é importante que sua família desenvolva um plano de segurança para o que fazer no caso de diversas emergências comuns, como tempestades severas, enchentes, incêndios ou até emergências médicas. É uma boa ideia conversar sobre o que fazer se algum desses cenários surgir.

Seja um plano de fuga em caso de incêndio ou de uma tempestade severa, um aviso de enchente, uma queda de energia ou um invasor, saber o que fazer e ter um plano ajudará sua família a ter menos medo e estar mais preparada. Dependendo de onde você mora (zona rural ou urbana, perto de água ou encostas), o tipo de desastres naturais comuns à sua área e as preocupações de segurança pessoal para sua casa definirão que planos de segurança devem ser desenvolvidos.

Algumas sugestões práticas para segurança familiar

- Plano de incêndio ou enchente. Se você mora em uma área propensa a incêndios ou enchente, converse sobre como você gostaria que sua família respondesse em tal ocasião, para onde ir se precisarem fugir da casa, um ponto de encontro se alguém se separar, como sair de casa rapidamente e o que levar consigo (se for o caso). Obviamente, incêndios domésticos podem acontecer em qualquer lugar, então este é um componente importante do seu plano de segurança familiar.

- Queda de energia. Isso pode acontecer em tempestades ou desastres naturais. Seus filhos sabem onde encontrar uma lanterna e sabem como usá-la? Como eles se manterão aquecidos, encontrarão fontes de luz ou conservarão alimentos? Algumas informações serão desnecessárias para as crianças, mas em algumas situações elas se sentirão mais seguras se conhecerem o plano.

- Invasões e arrombamentos. Algumas crianças ignoram esse perigo, mas outras podem inerentemente temer intrusos invadindo sua casa. Tenha cuidado ao abordar este tópico para não gerar mais medo em seus filhos. Lembre-se, queremos incutir confiança e competência. Muitas crianças nunca experimentarão isso, mas falar sobre o que fazer dará certo nível de autoconfiança. Por mais desconfortável que pareça, discuta como trancar e verificar portas e janelas, onde se esconder se necessário e por quanto tempo ficar em silêncio.
- Considere dar aulas de natação aos seus filhos. Além de ser uma boa habilidade para a vida e um excelente exercício, também evita que as crianças se afoguem ou tenham medo de água. Certifique-se de que as crianças aprendam sobre a segurança na água e saibam que não podem entrar em piscinas ou grandes locais de água sem supervisão.
- Caminhe pela casa e ensine-os sobre os perigos potenciais de cada área. Um de nossos filhos certa vez colocou uma bateria na boca e teve uma grande surpresa. Quando seus filhos tiverem idade suficiente para entender, ensine-os logo sobre os perigos de lareiras, choques elétricos, fogão etc. Instale medidas de segurança apropriadas para crianças pequenas enquanto educa as mais velhas.
- Os adolescentes mais velhos devem aprender o que fazer se faltar luz, quando evitar fontes de energia, como ajustar o aquecedor ou o ar-condicionado e como usar a lareira com segurança.
- Ao ficar fora por uma noite ou um fim de semana, estabeleça um plano para seus filhos. Se uma babá ou um irmão mais velho estiver no comando, é bom que todas as crianças saibam o que esperar, como ajudar e com quem entrar em contato para obter ajuda.

- Escrevam juntos um plano de fuga em caso de incêndio e deixem as crianças ajudarem a debater o que fazer e como sair de casa. Fixe-o em uma despensa ou porta de armário onde as crianças tenham acesso a ele; é útil retirá-lo anualmente, talvez ao fazer alguma manutenção de segurança pela casa. Revise-o com toda a família, faça atualizações ou sugira alterações.
- Tenha números de emergência e informações de contato de pessoas a quem seus filhos possam ter acesso em caso de emergência. Escreva endereços, e-mails, números de telefone, quem está disponível a que horas e com quem entrar em contato, conforme a necessidade.
- Pratique a senha da família. Como já mencionado, é uma maneira simples de informar aos seus filhos que alguém está seguro e é confiável.
- Certifique-se de verificar os detectores de fumaça e monóxido de carbono, extintores de incêndio, baterias de lanterna e rádios de emergência. Verificações anuais ou semestrais garantem que eles ainda estejam funcionando.
- Se um irmão tiver uma complicação médica, considere como isso pode afetar o plano de segurança familiar. Ajude seus outros filhos a entender essa necessidade e como eles podem ajudar. Um dos nossos filhos tem uma deficiência visual. Como regra geral, sempre deve haver um irmão com ele ou alguém que sirva como um par de olhos extras para ele quando necessário. À medida que as crianças se desenvolvem e se tornam mais independentes, as necessidades podem variar. Irmãos de crianças com alergias alimentares podem aprender a detectar uma reação alérgica e precisam saber onde encontrar os medicamentos necessários. Mantenha um kit de emergência com remédios para várias situações e reações médicas.
- Considere crianças com necessidades especiais comportamentais, emocionais e de desenvolvimento no plano de segurança familiar. Considere quando é útil ou não falar sobre possíveis cenários, como você gostaria que um irmão respondesse em uma crise ou colapso,

quem deve ser contactado e quais medidas serão tomadas para atender às necessidades especiais de uma criança.

Este é o seu plano familiar, portanto tenha a liberdade de incluir qualquer coisa que achar útil e exclua o que for desnecessário. Consideração, educação e sabedoria fortalecerão sua família e farão com que seus filhos se sintam seguros.

Capítulo 14
COMO RESPONDER QUANDO A VIOLÊNCIA TOCA A VIDA DE SEU FILHO[1]

Ainda que eu ande pelo vale da sombra da morte, não temerei mal nenhum, porque tu estás comigo; o teu bordão e o teu cajado me consolam. (Sl 23.4)

A ameaça de perigo afeta nossos filhos com frequência. Tiroteios trágicos em escolas, crimes violentos e afins incitam uma série de temores e ansiedades. Mesmo quando a ameaça não está à nossa porta, está explodindo dos meios de comunicação para a nossa casa. A probabilidade de seu filho ser afetado de uma forma ou de outra é alta. Independentemente de onde você mora ou da estabilidade de sua vida familiar, as vidas de crianças e adolescentes estão sendo tocadas pela violência em alguma medida, e devemos ajudá-los a entender isso.

---

1 Este capítulo aparece originalmente como um artigo no blog da CCEF de 15/5/2018. Usado sob permissão. Disponível em: https://www.ccef.org/violence-touches-childs-life/ (acessado em 17/2/2024).

ENVOLVA-SE COM SEUS FILHOS HONESTAMENTE, MAS NÃO COM MEDO

Em vez de reagir por medo, devemos ajudar nossos filhos demonstrando um nível apropriado de seriedade e lamento por tais eventos, enquanto demonstramos que nossa esperança está em Cristo. O desafio é encontrar o equilíbrio certo — ensinar aos jovens a conscientização e a cautela, e ao mesmo tempo encorajar a confiança em um Deus soberano. A coisa mais perigosa que deixamos nossos filhos fazerem é andar de carro, mas raramente tememos levá-los à escola, à igreja ou ao shopping; e nem deveríamos. Os jovens devem aprender a viver a vida plenamente sem serem assombrados pelo medo.

Portanto, pais: envolvam-se com seus filhos nessas realidades ameaçadoras. Deem o seu melhor para explicá-las e estejam dispostos a discutir por que o mal existe. Demonstrem o lamento de forma piedosa e eduquem seus filhos sobre o que é certo e justo. Nossos filhos serão capazes de andar com confiança em um mundo conturbado se forem educados sobre como pensar, se sentirem preparados para responder e tiverem depositado sua confiança em seu Criador. Queremos ensinar as crianças a lidar com este mundo e a confiar em um Deus incomparável.

Cinco sugestões para ajudar as crianças a se sentirem preparadas diante de violência em potencial

1. Tenha um plano para perigos potenciais. Sabemos que é útil ter um plano de evacuação de incêndio em casa, na escola e no trabalho. Da mesma forma, ajude as crianças a desenvolverem um plano que possam seguir quando tomarem conhecimento de uma possível violência. Estar preparado não evita o evento, mas dá à criança uma sensação de confiança de que ela pode reagir bem e passar por aquilo com segurança.
2. Encenar, encenar, encenar. Ao instruir seus filhos sobre o que eles devem fazer em diversos tipos de emergências, faça-o de maneira calma

e prática, certificando-se de não assustá-los ao falar sobre isso. Então, pratique. Descreva situações hipotéticas e peça que eles lhe digam o que diriam ou fariam. Isso ajuda as crianças a reagir de forma eficiente e rápida em uma situação de alta pressão.

3. Seja um adulto seguro e confiável a quem possam recorrer e identifique outros adultos confiáveis que possam ajudar em uma crise. Se seus filhos souberem com antecedência a quem procurar para obter ajuda em uma emergência, eles sentirão menos medo. Na medida do possível, certifique-se de que essas pessoas (incluindo você!) são capazes de oferecer conforto, equilíbrio e direção apropriados à situação. Isso significa ser capaz de responder de uma forma que não minimize nem reaja exageradamente à ameaça em questão. Uma resposta equilibrada durante e após uma emergência ajudará seus filhos a seguir em frente.

4. Leve-os ao Deus de todo o conforto. "Não temas" é mencionado 365 vezes na Bíblia. A solução para situações de medo é sempre a presença de Deus. Ele oferece a si mesmo como nosso conforto, força e porção. Busque maneiras de tornar isso tangível e real na vida dos jovens. Talvez você possa memorizar com eles o Salmo 23 e depois lembrá-los de que Jesus é seu bom pastor e estará com eles mesmo no vale mais sombrio.

5. Saiba o que as Escrituras têm a dizer sobre a vida, as tribulações e o sofrimento. Quando as crianças perguntarem por que algo terrível aconteceu, é importante dar respostas simples e honestas. Os jovens precisam dar sentido à vida de forma precisa e redentiva. Ajude-os a olhar além dos sofrimentos presentes e lembre-os de que um Deus fiel cuida deles. A vontade de Deus para a vida deles não pode ser frustrada. Como Jeremias 29.11 afirma: "'Porque sou eu que conheço os planos que tenho para vocês', diz o SENHOR, 'planos de fazê-los prosperar e não de lhes causar dano, planos de dar-lhes esperança e um futuro'" (NVI).

Não podemos prometer aos jovens que eventos trágicos não acontecerão, mas podemos dar-lhes o conhecimento e os recursos para lidar com esses eventos. Quanto mais bem preparados se sentirem, menos ansiosos ficarão. Igualmente importante é a realidade de que as crianças sempre tentarão dar sentido às suas experiências. A questão é: elas farão isso certo? É fundamental que nossos filhos cresçam com uma cosmovisão que seja bíblica (a qual interpreta corretamente o mundo em que vivemos), redentiva (Deus toma o que está corrompido e restaura/faz todas as coisas novas) e cheia de esperança (confiança no caráter de Deus e expectativa pelo bem que ele fará). Todos podemos orar para que a violência não toque diretamente a vida de nossos filhos, mas, enquanto isso, a sabedoria os prepara para o caso de isso acontecer.

PARTE 3:

preparando

adolescentes e jovens com
habilidades de segurança

Capítulo 15
ADOLESCENTES PRECISAM DE RELACIONAMENTOS GENUÍNOS COM DEUS E SEUS PAIS

O temor do Senhor é o princípio do saber, mas os loucos desprezam a sabedoria e o ensino. (Pv 1.7)

Talvez a maior técnica de segurança que podemos oferecer aos nossos jovens seja a disposição de buscar a verdade. Este é o ponto de partida da sabedoria, porque os direciona para um relacionamento com o Deus que os criou e os ama. Vivemos numa época em que os jovens acreditam possuir o direito de viver a vida à sua maneira, seguir a sua própria verdade e criar e recriar sua identidade. Nossos adolescentes precisam ver que existe um Deus amoroso e soberano que é o autor de sua história e define a verdade e o erro, o bem e o mal. Ele está escrevendo o roteiro de suas vidas, e é uma história muito melhor do que eles poderiam escrever para si mesmos. Ele é soberano, fiel, bondoso e digno de nossa confiança e lealdade. Precisamos atrair nossos filhos adolescentes para seu amoroso Pai celestial, em vez de reduzir a igreja e o cristianismo a uma lista moral do que se pode ou não fazer. Nossos filhos precisam de um relacionamento real com alguém que entre em suas experiências e tenha algo a lhes dizer. Eles precisam saber que Deus os ama e estabelece seus caminhos para ajudá-los a prosperar.

Efésios 5.15-16 diz: "Portanto, vede prudentemente como andais, não como néscios, e sim como sábios, remindo o tempo, porque os dias são maus". Numa fase de desenvolvimento em que todo o bom senso parece voar janela afora, é crucial ajudarmos nossos adolescentes a desenvolverem os músculos da sabedoria e do discernimento para lidar com as muitas provações que enfrentarão.

Muitas vezes, ao ensinarmos habilidades de segurança, criamos regras e fórmulas para tentar proteger nossos filhos de todos os males. Em vez de abordar nossos filhos adolescentes e jovens dessa maneira, devemos incentivá-los a adotarem os princípios bíblicos relacionados ao discernimento, sabedoria e relacionamentos. Esses princípios são fundamentados no relacionamento deles com o Deus vivo — é seu Pai celestial que os guiará em meio a qualquer dificuldade que possa surgir. Aprender os princípios bíblicos torna-se o pano de fundo para os jovens descobrirem a vida, avaliarem o comportamento, reconhecerem defeitos de caráter, detectarem enganos e perigos, e buscarem amigos e mentores maduros. Quanto mais incutirmos essas coisas em nossos filhos, mais elas se tornarão parte deles, e mais preparados estarão para viver com sabedoria à medida que se tornarem independentes.

ADOLESCENTES PRECISAM DE RELACIONAMENTO COM SEUS PAIS

Para muitos pais, a adolescência pode ser libertadora conforme seus adolescentes se tornam mais independentes e, simultaneamente, uma fonte de ansiedade, pois os adolescentes também estão lidando com novas provações e tentações. Embora muitos pais lidem com a adolescência com apreensão, esses anos podem ser uma oportunidade sem precedentes para os adolescentes crescerem em seu relacionamento com Deus e com seus pais. Você pode pensar que os adolescentes precisam menos de você à medida que envelhecem, mas não se engane: eles continuam a precisar de você, porém de maneiras diferentes de quando eram mais jovens.

Deus coloca a autoridade amorosa nas mãos dos pais. É nossa responsabilidade liderar, supervisionar e dirigir nosso lar de maneira sábia, piedosa e em oração. Uma autoridade amorosa e graciosa é confiável, sensata e benevolente, e também entende a necessidade de dirigir, instruir e estabelecer regras. Ela serve de exemplo de influência cristã e direciona as crianças para um Deus em quem podem confiar e seguir.

Mas os adolescentes muitas vezes se rebelam, rejeitando a autoridade dos pais. Às vezes, isso se deve a uma tendência desafiadora dentro do próprio jovem. Outras vezes, pode ser devido à influência de seus colegas ou pode refletir a forte aversão à autoridade encontrada em nossa cultura. Quando os adolescentes reagem de forma rebelde e desafiadora, muitas vezes tentamos restabelecer nossos direitos parentais citando as Escrituras e exigindo que as crianças obedeçam. Porém, quando os pais fazem isso, a maioria dos adolescentes não abaixam a cabeça e humildemente se arrependem de seus caminhos. Em vez disso, respondem com disposição para lutar pelo controle e independência.

Acredito que a responsabilidade por grande parte disso é nossa, como pais. Muitas vezes, na forma como estruturamos nossa vida, costumamos, ainda que de forma inadvertida, abrir mão de nosso papel de pais e o entregar a outros. Grande parte do nosso tempo é gasto ocupando nossos filhos e reagindo a eles, em vez de envolvê-los em um relacionamento. Nossos filhos estão na escola o dia todo e depois muitas vezes se ocupam com esportes, aulas de música, ginástica ou até mesmo atividades da igreja. Quando as crianças estão em casa, elas estão fazendo a lição de casa, estão ocupadas com seus telefones ou estão jogando. Resumindo, nos tornamos irrelevantes para grande parte de sua experiência diária. Dada a nossa ausência de uma boa porção de sua vida — e o aumento da influência de colegas e da cultura —, por que nossos filhos continuariam a aceitar nossa autoridade?

Atividades e agendas lotadas limitam nossas oportunidades de influenciar nossos filhos. Um estilo de vida ativo não é errado, mas devemos estar cientes de quanto tempo dedicamos a envolver nossos filhos em relacionamentos significativos em vez de mantê-los ocupados. Um cultiva a intimidade, o outro cultiva o desapego passivo. Não se engane: as crianças buscam orientação e autoridade e, quando precisarem, provavelmente recorrerão à influência que capturou sua admiração e confiança, que muitas vezes é o seu grupo de colegas.

CONSTRUINDO RELACIONAMENTO E INFLUÊNCIA À MEDIDA QUE OS FILHOS CRESCEM

A impotência dos pais é difícil de enfrentar. Às vezes, tentamos minimizar e justificar, mas não podemos simplesmente aceitá-la como inevitável ou atribuí-la a "atitudes adolescentes" ou às "crianças de hoje em dia". Embora nosso papel e influência mudem à medida que nossos filhos crescem, ainda precisamos ser uma voz em suas vidas. Mas não se recupera esse impacto por meio de coerção, suborno ou ameaças. Isso vem através do relacionamento e do tempo que passamos juntos.

Para cumprir integralmente nossas responsabilidades parentais, precisamos priorizar a construção de um relacionamento com nossos adolescentes que demonstre cuidado, doação sacrificial, compaixão genuína e estar presente para eles. Quanto mais graciosa e piedosa for nossa autoridade, mais nossos filhos desejarão segui-la e se submeter a ela.

Um relacionamento forte e piedoso serve aos nossos filhos adolescentes e jovens de muitas maneiras. Aqui estão algumas:

- Cria uma atmosfera de respeito, admiração e cooperação.
- Evoca segurança e conexão com as crianças.
- Promove uma dependência saudável dos pais para nutrição espiritual e emocional.
- Demonstra dependência de conselhos sábios para além de nós mesmos e, em última análise, dependência do Senhor.

- Demonstra respeito adequado pela liderança e governança.
- Constrói confiança ao encorajarmos certas respostas ou desencorajarmos escolhas específicas.

Promover essas qualidades em nossos filhos transmite integridade à vida diária e os prepara para prosperar no mundo onde viverão. Quando conquistamos confiança e influência na vida de nossos adolescentes, podemos nos sentir mais confiantes de que, se e quando eles enfrentarem situações perigosas ou preocupantes, teremos voz.

A autoridade dos pais não tem a ver com força, poder ou domínio. Tem a ver com confiança e influência sábia. Tem a ver com relacionamento e liderança cristã que valoriza o bem e a segurança daqueles que estão sendo liderados. Em vez de se tornar mais autoritário com seus filhos, invista em seu relacionamento com eles. Mostre-lhes que se importa e está comprometido com o bem deles. Isso pode não ser bem recebido no início e pode levar tempo. Você pode precisar limitar o número de atividades extracurriculares, o tempo com seus colegas e as tantas situações que afastam vocês uns dos outros, mas os resultados valem o esforço. Um relacionamento amoroso entre pais e filhos adolescentes é uma das maiores habilidades de segurança que você pode dar a eles. E isso lhes demonstrará o amor de seu Pai celestial.

Se você não sabe por onde começar, simplesmente comece fazendo perguntas sobre sua vida e seu mundo. Descubra o que eles gostam de fazer, quais atividades ou passatempos interessam a eles e por quê. Faça boas perguntas abertas (que eles não possam responder com um simples "sim" ou "não"). Peça-lhes para compartilhar sobre seu dia, ou sua opinião sobre coisas triviais (o último filme que saiu ou a pizza que você pediu para o jantar) e coisas relevantes (a legalização da maconha ou um colega que está fazendo escolhas ruins). Todas as tentativas de sua parte, quer eles respondam inicialmente ou não, demonstram seu desejo de conhecê-los.

Pode parecer cansativo e pouco produtivo, mas prossigamos e "não nos cansemos de fazer o bem, porque a seu tempo ceifaremos, se não desfalecermos" (Gl 6.9).

Capítulo 16
COMPARAÇÃO, PRESSÃO DOS COLEGAS E TRATAR OUTROS COM RESPEITO

Quem teme o homem cai em armadilhas, mas quem confia no Senhor está seguro. (Pv 29.25, NVI)

A Bíblia identifica o "temor de homens" como uma luta humana central; todos nós sofremos com a tendência de nos importarmos mais com o que as pessoas pensam de nós do que deveríamos. Todos nós lutaremos com a tentação de agradar as pessoas em nossa vida, em vez de viver para a aprovação de Deus. Para os adolescentes, o desejo de aceitação e de definir quem são e seu lugar no mundo torna-os particularmente suscetíveis a viver para a aprovação do seu grupo de colegas. Mas fazer isso é perigoso. Todos nós sabemos o que o apóstolo Paulo disse, que "as más conversações corrompem os bons costumes" (1Co 15.33). Os adolescentes ficarão tentados a se comparar com seus colegas e tentarão se adequar a essas normas. Eles serão vulneráveis a sentimentos de inadequação, descontentamento ou inveja quando virem os valores, normas e grupos de amigos ao seu redor e sentirem que não conseguem alcançar o padrão.

Como a comparação ameaça seu filho adolescente? Um de nossos filhos se interessa por figuras esportivas, pelos tênis mais recentes no mercado e por aquilo que todos os seus amigos de beisebol estão usando. Outro dos meninos tende a falar e agir como seus amigos da aula de teatro. Outro ainda quer jogar online e ter os mais novos aparelhos eletrônicos. Pinterest, Facebook e Instagram tentam nossa outra adolescente. Ela observa como suas colegas estão se vestindo e adapta seu traje às últimas tendências.

AS ARMADILHAS DA COMPARAÇÃO

Em graus variados, estamos sempre avaliando os comportamentos e escolhas de outras pessoas e comparando-os com os nossos. O perigo está no peso que seu filho dá a essas avaliações. Elas se tornam o padrão dele para medir significado e importância? O valor da vida dele aumenta ou diminui de acordo com seu encaixe nesse padrão? João 12.43 diz que os homens "amaram mais a glória dos homens do que a glória de Deus". É a luta de toda criança que quer se enturmar com seus colegas. Eles estão vivendo para o louvor de seus colegas ou para agradar a Deus?

A comparação gera mentiras e leva a tentações e conformação imprudente. Ela produz:

- Ciúmes e inveja: o que eles têm é "melhor". Crescem acreditando que as coisas boas são dadas aos outros, mas não a eles. Isso tenta os adolescentes a cobiçar ou se esforçar para alcançar o que o outro tem.
- Descontentamento: o que tenho é "menos que". Seja riqueza, status social ou relacionamentos, se eles não têm o que os outros ao redor parecem ter, começam a acreditar que Deus está lhes recusando o bem.
- Inadequação: eu sou "menos que". Os adolescentes podem facilmente acreditar que nunca estarão à altura. Sentem-se insuficientes em relacionamentos, amizades ou circunstâncias da vida. A insegurança cria raízes.

- Falta de autenticidade: eles evitam ser vulneráveis ou transparentes, para que ninguém veja suas falhas. Lutas, fraqueza e imperfeição são vistas como defeitos que precisam ser ocultados.
- Imediatismo: os adolescentes esquecem o tesouro que os espera na eternidade e vivem apenas para o momento presente. Eles devem receber uma visão para o futuro que seja muito melhor, muito mais digna de ser ansiada.

Quando os adolescentes se comparam, eles mudam seu desejo de viver para o que é certo e bom, e esquecem que seu propósito final é conhecer e amar a Deus e torná-lo conhecido. Os outros se tornam uma ameaça para eles, ou uma régua para avaliar seu valor. Isso os levará ao caminho da adaptação e da conformação com o mundo ao seu redor.

Podemos ajudá-los a conviver com as diferenças, pontos fortes e fracos, bênçãos e lutas, sucessos e fracassos, porque lutamos exatamente com as mesmas tentações. Quando recorremos a Deus, ele nos ajuda. À medida que os encorajamos a recorrerem a Deus, ele também os ajudará a permanecer no meio de seus colegas com autoconfiança e personalidade. Quanto mais eles forem capazes de fazer isso, menos propensos estarão a ceder à pressão dos colegas e a tomar decisões imprudentes.

Imagine o adolescente que sabe a coisa certa a ser feita, mas, como a maioria, não quer se destacar como o diferente. Então, quando uma brincadeira grosseira acontece, ele ri e esconde que isso o incomoda. Uma semana depois, os mesmos amigos estão todos usando um aplicativo para enviar memes e mensagens uns aos outros. Ele decide ir em seu telefone e baixar o aplicativo para poder se enturmar com seus amigos. Com o passar do tempo, ele adere aos comentários inapropriados, aos xingamentos, e, quando uma jovem se oferece para enviar fotos nuas, ele aceita. Isso acaba sendo um caminho ladeira abaixo, em que uma má decisão abre portas para muitas outras escolhas ruins em sequência.

Talvez sua filha viva nas redes sociais e veja suas amigas comprando as últimas modas e maquiagens e tirando fotos de si mesmas. Elas agora estão criando seus próprios canais e crescendo em popularidade. Sua filha está desesperadamente querendo se enturmar e também ser admirada. Ela secretamente se ressente de suas amigas e começa a procurar maneiras de superá-las. Começa a fazer comentários depreciativos na internet e tenta criar um boato para desacreditar as meninas de seu grupo de colegas.

Você não pode elogiar alguém com quem está competindo. Elas se tornam rivais, em vez de amigas ou companheiras nas dificuldades. Sua filha adolescente deixa de ser uma pessoa que cuida das outras ao seu redor para ser alguém que deve estar no mesmo nível ou se tornar melhor que suas colegas.

Queremos criar adolescentes que apoiem e edifiquem uns aos outros, em vez de competirem entre si. Como Jesus, queremos encorajar nossos adolescentes a buscarem servir mais do que serem servidos e a se sentirem seguros em quem são no Senhor, para poderem permanecer confiantes.

DICAS PARA COMBATER A PRESSÃO DOS COLEGAS E A COMPARAÇÃO

Como ensinamos nossos filhos a combater a pressão dos colegas e a comparação? Aqui estão três maneiras:

1. Identifique com eles como é desafiador estar ocupado e distraído pelo sistema de valores do mundo. Nossos desejos, descontentamentos, ciúmes e inadequações crescem quando tentamos obter nosso senso de valor e aprovação em qualquer coisa fora do nosso relacionamento com o Senhor. Cristo nos oferece a libertação do fardo de viver para o louvor daqueles que nos cercam. Diga-lhes como ele ajudou você nessa luta. (Jo 12.43; Cl 3.23)
2. Desvie a comparação que os outros podem colocar sobre eles. Haverá pessoas tentando fazer com que eles se sintam abaixo do padrão. Ensine-lhes que eles têm uma escolha sobre permitir ou não serem moldados pela pressão dos colegas. (Is 2.22; Mt 10.28)
3. Ensine-os a viver diante da face de Deus, não diante dos outros nas mídias sociais. Precisamos atrair nossos filhos para os caminhos de Deus.

Quanto mais você apresentar isso como algo bom para eles, mais desejarão refletir o caráter de Deus e seus caminhos na própria vida. Ajude-os a fixar os olhos no que não se vê, não no que é visível. (2Co 5.9; Cl 1.9-10)

Em vez de viverem como rivais neste mundo, podemos ensinar nossos filhos a viver com seus colegas como ferro afiando ferro; desejando gerar a semelhança de Cristo uns nos outros. A comparação embrutece a todos nós; a semelhança com Cristo aguça, refina e prepara nossos filhos para enfrentar a pressão dos colegas.

À medida que inculcarmos isso diariamente em nossos adolescentes, eles serão livres para avaliar escolhas, estilos de vida e o comportamento dos outros de uma maneira que os ajude a crescer (em vez de os definir ou determinar seu valor). A avaliação piedosa dá espaço para diferenças que complementam e afiam mutuamente, em vez de avaliarem o valor uns dos outros. Quando seu valor está enraizado em nosso Criador, as crianças são livres para apreciar as diferenças e a individualidade umas das outras.

Isso estabelece a base para tudo o que se seguirá. Se demonstrarmos e trabalharmos para incutir caráter, dignidade e convicções distintamente bíblicas, nossos jovens ainda enfrentarão tentações, lutas, pressão dos colegas e outros perigos, porém serão protegidos contra essas coisas por seu amor a Deus e seu amor pelas pessoas. Eles terão as ferramentas e o conhecimento de que precisam para "provar o que é agradável ao Senhor" (cf. Ef 5.10).

LINGUAGEM E RESPEITO

> Mas a impudicícia e toda sorte de impurezas ou cobiça nem sequer se nomeiem entre vós, como convém a santos; nem conversação torpe, nem palavras vãs ou chocarrices, coisas essas inconvenientes; antes, pelo contrário, ações de graças (Ef 5.3-4).

Você pode se perguntar o que a linguagem tem a ver com segurança. A fala é um indicador de muitas realidades internas. Primeiro, o que sai da boca reflete o que acontece no coração. Sabemos que "a boca fala do que está cheio o coração" (Lc 6.45). Ensinar nossos filhos a guardar o próprio coração é a primeira linha de defesa para protegê-los de seguirem todo tipo de caminhos destrutivos, que podem causar danos a outros ou a eles mesmos. Ensine aos jovens que a forma como eles e os outros falam é importante. É uma janela para o mundo interior de uma pessoa, seu pensamento e cosmovisão, e é mais uma maneira de avaliar caráter, ações, crenças e valores.

Em segundo lugar, a maneira como falamos demonstra respeito ou desrespeito. Valoriza ou degrada a dignidade do outro. Os adolescentes podem ser especialmente conhecidos por zombar e brincar grosseiramente uns com os outros. Muitas vezes isso é feito em nome da diversão, mas traz uma natureza ácida em relação aos outros. Cria diversão à custa de outros, ou à custa do que é bom, certo e puro. É o oposto de deixar a fala ser temperada com graça, para que possa dar vida a todos os que ouvem (Cl 4.6).

Terceiro, a fala é um indicador de comportamento potencial. Uma fala grosseira ou humilhante em relação ao outro é um passo em direção à objetificação e à potencial violência ou maus-tratos. Tendemos particularmente a ver isso na forma como os jovens falam sobre mulheres e meninas. Quanto mais seu filho fala de mulheres de maneira objetificada, mais provável é que ele trate uma mulher de maneira objetificada. As meninas também podem falar de maneiras objetificadas, embora estatisticamente mais homens maltratem as mulheres como resultado de uma fala grosseira.

Um adolescente que é ensinado a ser respeitoso será facilmente reconhecido pela maneira como fala com os outros. Geralmente isso reflete um indivíduo com convicção pessoal e caráter. Quando um adolescente tem caráter, convicção e valores pessoais profundamente arraigados, possui mais discernimento do que os que não são assim.

Os adolescentes e seus amigos certamente podem esconder um mau comportamento por trás de palavras respeitosas, mas isso também será evidenciado quando suas ações desmentirem suas palavras. Provérbios nos diz: "Como na água o rosto corresponde ao rosto, assim, o coração do homem, ao homem" (Pv 27.19). Todos nós conhecemos pessoas que falam bem na frente daqueles que desejam enganar ou impressionar e, em seguida, revelam seu verdadeiro caráter quando os adultos ou os pais saem da sala. Quando você educa os jovens para discernir isso, eles rapidamente percebem e ficam alertas. Eles sabem distinguir as boas influências daquelas que são corruptas.

Quando Deus pediu a Samuel para ungir um novo rei, em lugar de Saul, ele encorajou Samuel a não avaliar uma pessoa da mesma maneira do mundo: "Não atentes para a sua aparência, nem para a sua altura, porque o rejeitei; porque o SENHOR não vê como vê o homem. O homem vê o exterior, porém o SENHOR, o coração" (1Sm 16.7). Nossos filhos muitas vezes caem na armadilha de olhar para as aparências daqueles que estão ao seu redor, buscando o que é bom e certo ou mesmo "normal". Quando assim procedem, perdem Deus e seus caminhos de vista. Nosso trabalho é atraí-los para os caminhos de Deus e demonstrar a vida rica que ele provê, "porque, onde está o teu tesouro, aí estará também o teu coração" (Mt 6.21).

Capítulo 17
SEXO E NAMORO

Portanto, vede prudentemente como andais, não como néscios, e sim como sábios, remindo o tempo, porque os dias são maus. Por esta razão, não vos torneis insensatos, mas procurai compreender qual a vontade do Senhor. (Ef 5.15-17)

Como você fala com seus filhos adolescentes sobre sexo e sexualidade? Esse pode ser um assunto desconfortável. Contudo, quanto mais estivermos dispostos a superar nosso próprio desconforto com este assunto, mais capazes seremos de ajudar a moldar a compreensão de nossos filhos sobre esse assunto a partir de uma cosmovisão bíblica e deixá-los alerta a uma diversidade de preocupações quanto à segurança pessoal. Além disso, como já mencionado, é importante que nossos filhos sejam intencionalmente ensinados a pensar e falar com o sexo oposto de maneira respeitosa.

É de esperar que você tenha conversado sobre esses assuntos bem antes de seus filhos se tornarem adolescentes. Como eu disse antes no livro, é muito melhor moldar proativamente a visão de nossos filhos sobre sexo do que voltar e tentar desmentir algo que eles ouviram de colegas ou da mídia. Se você esperou até que a criança tenha se tornado um adolescente para discutir sobre sexo, você já a abandonou para tentar entender por conta própria, ou a partir da perspectiva da cultura circundante.

DEUS CRIA; O MUNDO CORROMPE

Esta é uma frase que costumo usar quando falamos com nossos filhos sobre sexo: Deus cria; o mundo corrompe. Deus cria os alimentos; o mundo corrompe o uso dos alimentos. Deus cria relacionamentos; o mundo corrompe e usa relacionamentos de maneiras que nunca foram pretendidas. Deus cria o sexo e a sexualidade; o mundo corrompe o sexo e o transforma em algo que ele nunca deveria ser.

Embora isso seja verdade, muitas vezes abordamos a corrupção de tais coisas *antes* de construir uma perspectiva positiva do que Deus as criou para ser. Quando abordamos com os jovens um tópico como sexo, muitas vezes ele já vem cheio de alertas — o que você não deve fazer e por que não deve fazê-lo. Infelizmente, a mensagem passada é que Deus é contra o sexo porque é imoral ou prejudicial à saúde, e o jovem pode chegar à conclusão de que é pecaminoso e errado ter desejos sexuais.

Na verdade, Deus não é contra o sexo; ele é totalmente a favor. Afinal, ele é o autor do sexo, e tudo o que Deus cria é bom. Em uma sociedade saturada de prazer, podemos oferecer uma mensagem distinta sobre sexo que é mais atraente do que a imprudência do mundo. Como cristãos, devemos compartilhar com nossos filhos uma visão positiva e celebratória de uma dádiva protegida. Precisamos estar dispostos a transmitir esta mensagem aos nossos jovens o mais cedo possível e fazê-lo de forma clara, positiva e ousada.

Precisamos ajudar nossos adolescentes a entender que, quando começamos com uma visão corrompida do sexo e o usamos de maneiras que Deus não desejou, ele não proporcionará a alegria e a intimidade duradouras que Deus pretendia que o sexo tivesse em um casamento fiel.

Tudo o que é criado foi feito para funcionar bem dentro de um contexto específico. Às vezes eu uso o exemplo do iPhone para ilustrar essa verdade. O iPhone é uma incrível peça de tecnologia que pode fazer mais coisas do que eu saberia listar. Mas imagine deixar o telefone cair de um viaduto e se surpreender descobrindo, ao apanhá-lo no asfalto lá embaixo, que ele não funciona mais. Então imagine culpar a Apple pela condição estilhaçada do seu telefone e registrar uma reclamação de que você recebeu um equipamento defeituoso! Percebe como seria tolice culpar o criador quando, claramente, você conhecia os limites em que o telefone deveria funcionar e foi você quem escolheu usá-lo indevidamente?

O criador de algo sabe como aquilo deve funcionar melhor. Sempre que você sair dos parâmetros do criador, a coisa funcionará mal. Deus não é um desmancha-prazeres. Ele criou o sexo e definiu o contexto em que deve florescer: no relacionamento conjugal entre um homem e uma mulher. Devemos inspirar nossos filhos a ter confiança de que o contexto no qual Deus nos chama para desfrutar o sexo é para o nosso bem. Ele quer nos manter seguros e quer que o sexo floresça em um relacionamento seguro, comprometido e amoroso — como ele o define.

Quando converso com meus jovens aconselhados sobre sexo e o plano e desígnio de Deus, espero surpreendê-los com algumas verdades positivas. Muitos nunca as ouviram antes. Conversamos sobre como Deus criou o sexo, como ele é bom e correto, e como você deve desejá-lo no contexto certo.

Posteriormente, também falamos sobre o que acontece quando você corrompe o sexo e o usa de forma contrária aos desígnios de Deus. Embora o mundo nos diga que você deve ser livre para fazer o que acha certo, quando e com quem quiser, essa abordagem do sexo não cumprirá o que promete. Em vez disso, trará consequências dolorosas: feridas emocionais, sonhos despedaçados, feridas relacionais, possíveis consequências para a saúde por causa de doenças sexualmente transmissíveis e gravidez não planejada. O sexo, quando usado assim, se torna distorcido e irreconhecível, uma imagem degradada do que foi criado para ser. Ele pode proporcionar prazer temporário, mas não pode proporcionar satisfação duradoura e harmonia relacional.

PRINCÍPIOS PARA ORIENTAR SUAS CONVERSAS

Se você tem dificuldades em saber como tratar com seus filhos sobre tópicos potencialmente desconfortáveis como este, considere os seguintes princípios para ajudar a moldar sua abordagem.

Primeiro, fale de maneira positiva. Demonstre uma visão afirmativa e piedosa da sexualidade. Quando falamos com nossos filhos sobre sexo, tentamos falar de maneira positiva e afirmativa. De quem eles ouvirão algo assim, senão de você? Nós inclusive estabelecemos um desafio como família, em que cada um deveria encontrar duas ou três passagens onde a Bíblia fala de sexo de maneiras positivas. Passamos juntos por Gênesis 2.25, Cantares de Salomão, Provérbios 5.18-19, entre outros. Imagine a expressão no rosto do seu filho adolescente quando você o desafiar a fazer isso! É essencial que eles vejam a beleza do sexo como Deus o criou, não apenas as formas como foi corrompido. A sexualidade é boa e agradável quando bem ordenada em nossa vida. Faz parte de quem somos e de como vivemos nossa vida diante do Senhor.

Segundo, fale com frequência. Falar com as crianças sobre sexo (ou qualquer assunto importante) nunca deve ser uma conversa única. Crianças e adolescentes estão sempre processando, pensando, fazendo novas perguntas e tentando dar sentido a tudo isso. Eles serão atingidos com novas questões em cada estágio de desenvolvimento. Certifique-se de que eles não estão processando esses desafios e perguntas sozinhos. Busque ativamente conversar com eles.

Terceiro, fale livremente. Promova um espírito de abertura em sua casa e no relacionamento com seus filhos. Eles devem saber que nenhum tópico está fora dos limites, nem é difícil ou embaraçoso demais para ser tratado numa conversa. Quanto mais confortável você estiver em falar livremente, maior a probabilidade de que seus filhos fiquem confortáveis e ouçam o que você tem a dizer sobre sexualidade.

Incentive perguntas e conversas sempre que puder. Por exemplo, quando estiverem juntos no carro, encontre motivos para perguntar sobre o que os amigos estão falando na escola ou como os professores estão discutindo sexualidade. Pergunte aos seus filhos o que eles pensam sobre o que estão ouvindo. Depois de um filme, faça perguntas sobre as atitudes ou estilos de vida que vocês acabaram de ver retratados na tela. Dê-lhes liberdade para ter opiniões e expressá-las; é uma janela para seus pensamentos. Você então saberá como orar e falar melhor em suas vidas.

Quarto, fale logo. Vivemos em uma cultura que promove um estilo de vida egocêntrico e centrado na sensualidade. Se nossos filhos aprenderão sobre sexualidade em idades cada vez mais precoces (e eles aprenderão), seja a pessoa que moldará proativamente uma visão piedosa do sexo. Vivemos em uma cultura enlouquecida por sexo, que ameaça formar a moralidade do seu filho. Você não pode se dar ao luxo de permanecer em silêncio. Queremos que nossos filhos cresçam sabendo como Deus deseja que a vida, os relacionamentos e a sexualidade sejam vividos. Os jovens ouvirão a voz mais alta ou mais persuasiva; que essa seja a voz de Deus dentro e por meio de você.

Alguns exemplos de tópicos para falar:

- O propósito de Deus para o gênero e a sexualidade;
- Uma visão bíblica do casamento;
- O que significa viver fielmente como seres sexuais;
- Como se aproximar adequadamente de alguém em quem você está interessado;
- Como se comportar em um relacionamento romântico;
- O que são afetos físicos adequados em relacionamentos românticos e o que não são.

NAMORO E RELACIONAMENTOS

Quando você ensina os jovens a demonstrarem respeito pelos outros, isso se transfere para o respeito pelo sexo oposto. Como um jovem mostra respeito por uma garota de quem é amiga? E por uma garota que ele está interessado em namorar? Da mesma forma, como uma garota mostra o mesmo respeito por um rapaz que é seu amigo ou que ela espera namorar?

É extremamente importante que mães e pais sejam exemplo de respeito mútuo para seus filhos, porque seu grupo de colegas demonstrará algo muito diferente. A maneira como os meninos de 15 anos normalmente falam sobre o sexo oposto será radicalmente diferente da maneira como você quer que falem com sua filha ou sobre ela. Seu filho precisa saber como agir e falar de forma honrosa com todas as mulheres em sua vida, seja sua mãe, irmã, colega de classe ou uma garota com quem gostaria de namorar. Da mesma forma, a maneira como suas filhas são criadas informará como elas falam com seus pais, irmãos, colegas de classe ou um rapaz em quem estão interessadas, e também como falam sobre estes.

Você quer que seus filhos sejam capazes de agir bem, tanto socialmente quanto relacionalmente. Quanto mais você demonstrar isso e lhes der a oportunidade de praticar, mais confortáveis, mais confiantes e mais competentes eles estarão para se envolver bem na maioria das situações sociais.

As famílias podem divergir sobre como o namoro deve ou não ser, ou com que idade é apropriado, mas creio que todos podemos concordar que os relacionamentos serão mais saudáveis quando os jovens aprenderem a se envolver de forma respeitosa, sábia e genuína uns com os outros. Demonstrar isso em casa é uma das melhores maneiras de alcançar esse objetivo. Converse abertamente com seus filhos jovens sobre suas expectativas e pontos de vista quanto a namoro e envolvimento com seus colegas.

Suas regras sobre namoro (idade, contexto, etc.) são questões de sabedoria própria de cada lar. Seja qual for sua posição, é importante ter princípios que sustentem as decisões que você toma e ajudem seus filhos a tomar boas decisões. Você deve discernir se os incentivará a fazer coisas em público ou se terá diretrizes sobre passar muito tempo a sós ou em lugares privados. Ter boas conversas sobre passar muito tempo juntos e a necessidade de promover boas amizades fora de um relacionamento amoroso é uma maneira de ampliar seu mundo e suas ideias sobre como deve ser um relacionamento romântico. Lembre-se, eles estão recebendo mensagens o dia todo de seus colegas, dos namoros que eles observam e da mídia lhes dizendo como é um bom relacionamento.

Eduque proativamente seus pontos de vista e ajude-os a cultivar ideias saudáveis sobre amor, romance e namoro.

Por exemplo, muitos pais estabelecem regras sobre a idade que um filho ou filha deve ter para namorar, mas não consideram a maturidade ou o caráter de seu filho (ou da pessoa por quem ele ou ela se interessa). De que adianta uma regra sobre a idade de namorar se seu filho ou filha não tem discernimento ou caráter para buscar um relacionamento saudável?

Os pais devem se concentrar mais em promover conversas e ideias sobre o que procurar em um relacionamento amoroso do que nas regras que acompanham o namoro — embora elas sejam importantes. Também é importante ajudar um adolescente a saber quem ele é e quem Deus o criou para ser, para que ele não permita que os outros o transformem, pelo desejo de se sentir aceito ou amado por alguém em quem está interessado romanticamente.

CONSENTIMENTO

Consentimento é um termo popular usado hoje para ajudar crianças maiores e menores a entender a necessidade de respeitar o nível de conforto de outras pessoas, especialmente em relação a contato físico ou sinais de afeto. O consentimento geralmente se refere a nunca pressionar outra pessoa a fazer algo física ou sexualmente desconfortável para ela. Para as crianças mais novas, ensinamos que, quando alguém as abraça, dá tapinhas ou toca nelas de qualquer maneira que as deixe desconfortáveis, elas precisam ser capazes de lhe avisar, para você ficar ciente da situação e ajudar a avaliar o que está acontecendo ou por que elas estão desconfortáveis. À medida que as crianças crescem, é importante ensiná-las a pedir permissão para demonstrar afeto a alguém, respeitar quando dizem "não" e aprender a pedir a alguém que pare.

Esse conceito é particularmente importante em namoros na adolescência. Falar sobre consentimento significa falar sobre os valores bíblicos por trás do respeito pelas pessoas. Queremos que nossos filhos sempre ajam com integridade e convicção pessoal com base nos padrões de Deus. Queremos que mostrem respeito, honra e gentileza para com os outros. É importante falar sobre como isso funciona em um contexto de namoro. Converse com seu filho adolescente sobre que tipo de afeto é apropriado e por quê. Converse sobre como ele pode e deve responder se alguém o pressionar física ou sexualmente.

Discutam possíveis cenários e incentive-o a falar sobre como ele vê isso acontecer na escola ou entre seus colegas. Seu filho adolescente pode hesitar em expressar o que está pensando ou sentindo, mas muitas vezes está bastante aberto para compartilhar o que as crianças de sua escola estão dizendo e fazendo. Pergunte: "O que o pessoal da sua sala está fazendo em relação a namoro?" Isso lhe dá um vislumbre do que está sendo apresentado para ele, e de como ele pode ser tentado. Uma boa pergunta para continuar a conversa é: "O que você pensa sobre essa situação? Como reagiria se fosse com você?".

PRINCÍPIOS PARA PREPARAR SEUS FILHOS PARA NAMORAR

Mais uma vez, ensine-os a avaliar o caráter. Essa pessoa compartilha a mesma fé e valores? Como ela demonstra isso? Como é o comportamento dela? Como trata outros amigos ou o sexo oposto? Como trata seus pais e irmãos? Seu relacionamento com a família é bom ou ruim, e por quê? Ela está envolvida em atividades extracurriculares, passatempos ou eventos da igreja? Quais são seus objetivos ou sonhos para o futuro? Quais são os pontos fortes e fracos da pessoa? Como você acha que isso pode impactar você se estiver namorando ela?

Questões a considerar antes de namorar

Faça com que seu filho ou filha adolescente analise sua própria mentalidade sobre namoro. Qual é o seu motivo para querer namorar, em primeiro lugar? Que qualidades procura em um namorado e potencial futuro cônjuge? Que traços inegociáveis um potencial namorado deve ter, e o que é negociável? Traços inegociáveis podem ser: essa pessoa se dá bem com os outros, respeita a autoridade, vai à igreja, compartilha valores semelhantes? As características negociáveis podem ser coisas como nível de humor, formação educacional e passatempos e experiências compartilhadas.

Mais detalhes podem surgir à medida que seu filho adolescente envelhece, mas é útil ele entender que a pessoa que ele namora influenciará com quem ele acabará se casando. Ele quer um dia se casar com alguém que seja confiável, gentil e busque conhecer e honrar o Senhor? Então é com essa pessoa que ele deve namorar. É bom discutir as razões por trás de suas características negociáveis e não negociáveis declaradas.

Avaliando seus próprios pontos fortes e fracos

Outra maneira importante de treinar seu filho adolescente a respeito do namoro é falar sobre seus próprios pontos fortes e fracos. Ele cumpre seus compromissos? Perde a paciência facilmente? Há um padrão de preguiça excessiva em sua vida? Conquanto os adolescentes nunca devam se sentir pressionados a mudar sua personalidade ou essência para atrair alguém, essa pode ser uma oportunidade útil de um autoexame saudável, para ver se estão desenvolvendo os mesmos traços de caráter que gostariam de encontrar em alguém para namorar. Ao mesmo tempo, incentive-os a se sentirem confortáveis com quem são, para não tentarem mudar por causa da pessoa com quem estão, e ajude-os a ver a importância de namorar alguém que esteja disposto a aceitá-los por quem eles são.

Namoro e níveis de maturidade

Discuta com seu filho adolescente como você vê o namoro em sua idade e nível de desenvolvimento. Você os incentiva a continuarem apenas amigos e conhecer várias pessoas diferentes, aprendendo a se relacionar com elas e descobrir do que gostam em diferentes colegas? Você incentiva relacionamentos exclusivos na idade deles? Por quê? Os pais variam muito em suas opiniões sobre isso. Certifique-se de ter razões sólidas para apresentar ao seu filho ou filha quando compartilhar sua opinião. Ajude-os a ver como isso é bom para eles e o que você espera que aprendam. Nos primeiros anos de namoro, você pode querer encorajar seus filhos adolescentes a não embarcarem imediatamente em relacionamentos sérios, mas, em vez disso, gastar tempo conhecendo várias pessoas em um nível de amizade. Isso pode ajudá-los a avaliar o tipo de pessoa que desejam buscar. Você acredita que seu filho adolescente só deve sair em encontros em grupo e não a sós? Existem muitas visões diferentes sobre essas coisas, e é uma questão de sabedoria decidir o que é mais benéfico para o seu filho e por quê.

Boas práticas para o namoro

Converse com seu filho adolescente sobre boas práticas quando ele estiver em um encontro. Ele precisa aprender a praticar coisas como cavalheirismo, boa conversa, como conhecer os pais de alguém, que tipo de perguntas fazer para conhecer alguém, como discernir as crenças de uma pessoa etc. Ajude-o a pensar no que é respeitoso, agradável e benéfico para ambas as partes em um encontro. Discuta se é apropriado chamar alguém para sair por mensagem de texto, pessoalmente ou por telefone e por quê.

Cultivar esses tipos de conversas e princípios em seus filhos é muito melhor do que simplesmente estabelecer regras sobre quando e com quem eles podem namorar. Em vez disso, você está ensinando seus filhos a discernirem e avaliarem sabiamente o tipo de relacionamento que devem buscar e por que são atraídos por certas pessoas. Sempre queremos que nossos filhos cresçam em sabedoria e discernimento, e sabemos que as pessoas que os interessam e que se interessam por eles têm uma tremenda influência sobre eles. Quanto mais preparados seus adolescentes estiverem para avaliar quem desejam namorar, mais estarão protegidos do risco de se contentar com a primeira pessoa interessada por eles. Quanto mais você lhes ensina como são relacionamentos sábios e saudáveis, mais lhes dá discernimento para evitar os insensatos e prejudiciais.

O grupo de colegas do seu filho sempre tentará influenciar essa decisão e tentará conectá-lo a amigos e colegas que podem ou não ser bons para ele. Os colegas oferecerão oposição às suas regras e ideias, mas, se você passou anos preparando seus filhos e incutindo-lhes essas crenças, e eles as aceitaram para si, é mais provável seguirem seus princípios e serem poupados de um mundo de perigos.

DICAS PRÁTICAS DE SEGURANÇA PARA NAMORAR

Mesmo antes de seu filho adolescente começar a namorar, você também pode discutir com ele algumas dicas importantes de segurança sobre esse tema. Algumas dessas diretrizes não se aplicam tanto quando são mais jovens e têm maior probabilidade de sair com amigos em grupos ou estão em ambientes mais supervisionados; de qualquer forma, é importante abordar esses tópicos, preparando-os para uma série de cenários possíveis que podem comprometer sua segurança.

- Saiba para onde seu filho adolescente está indo e mantenha contato com ele. Fale sobre qual é a hora de voltar para casa e por que é importante ter isso definido.
- Sempre peça para encontrar a pessoa com quem seu filho adolescente vai sair e reserve um tempo para conhecê-la.
- Converse sobre como seu filho adolescente pode sair de uma situação que o deixe desconfortável em um encontro. Diga-lhe que ele sempre pode usar você como uma desculpa e dizer à outra pessoa que seus pais querem que ele vá para casa. Além disso, diga que ele pode dizer "não" se estiver desconfortável com uma situação. Certifique-se de conversar com seu filho sobre o que é desconfortável e maneiras de lidar com momentos embaraçosos.
- Fale sobre se encontrarem em locais públicos e escolherem atividades que promovam a conversa e a interação.

- Conscientize seu filho da necessidade de vigiar sua própria comida e bebida. Deixar alimentos e bebidas sem vigilância pode proporcionar uma oportunidade para que sejam alterados ou adicionados com drogas.
- Incentive-os a reagir se algo os deixar desconfortáveis. Quanto mais você constrói confiança e discernimento nos adolescentes, maior a probabilidade de reagirem quando algo parecer estranho ou inadequado.
- Converse com seus filhos sobre as questões difíceis, como: abuso, estupro, depreciação, *sexting*, pressão sexual e as questões de consentimento e o que isso significa para você.
- Considere desencorajar seus filhos adolescentes a namorarem online. Namoro online não é moralmente errado e pode ter alguns benefícios, mas, como adolescentes, há muitas armadilhas que são difíceis de lidar em sua idade (veja a próxima seção).

Há muitos tópicos e discussões que pais e mães podem e devem ter sobre esse assunto — e devem ser discussões contínuas com seus filhos. Quando você não sabe como abordar um determinado tópico com seu filho adolescente, busque recursos confiáveis. Existem bons livros, podcasts, blogs, sermões e materiais adequados a cada idade. Nenhum recurso sozinho dará conta de tudo exaustivamente, mas você pode encontrar muitas opções para abordar tópicos difíceis e falar sobre eles com seus filhos. Considere perguntar a outros pais que recentemente lidaram com essas questões o que eles fizeram e como chegaram às decisões que tomaram. Pergunte quais recursos lhes foram úteis. Queremos que nossos filhos cresçam com a habilidade de viver com sabedoria, discernir a vontade de Deus e ser fiéis em sua conduta. É preciso reflexão, sabedoria e cuidado para saber como lidar com esses problemas; esteja disposto a fazer o trabalho árduo de ajudar seus filhos adolescentes a pensar sabiamente sobre namoro.

Capítulo 18
SEGURANÇA NAS REDES SOCIAIS E NA TECNOLOGIA

Confia no Senhor de todo o teu coração e não te estribes no teu próprio entendimento. Reconhece-o em todos os teus caminhos, e ele endireitará as tuas veredas. Não sejas sábio aos teus próprios olhos; teme ao Senhor e aparta-te do mal. (Pv 3.5-7)

Uma das muitas dificuldades da adolescência é que a maioria dos adolescentes é "sábio aos seus próprios olhos". Eles acreditam saber o que é melhor para sua vida e que as coisas não são tão ruins ou erradas quanto seus pais podem pensar. Então, deixam de se desviar do mal e embarcam tolamente, muitas vezes completamente inconscientes das consequências que podem se seguir.

Ricardo era um garoto de 13 anos que foi pego colando em uma tarefa escolar. Quando ele chegou em casa, seus pais o estavam esperando, armados com um sermão e castigos para aplicar. Irritado e chateado, Ricardo correu para seu quarto, foi até sua conta em uma rede social e deixou escapar uma postagem que dizia: "Odeio minha vida — eu só quero morrer". Trinta minutos depois,

Ricardo estava fazendo a lição de casa quando alguém bateu à porta da casa. Sua mãe foi abrir, e lá estavam dois policiais e uma ambulância. Eles estavam respondendo a uma chamada urgente feita pelos pais de um dos colegas de Ricardo que viu a postagem online e, como era de esperar, ficou preocupado com ele.

Em um momento impulsivo de raiva, Ricardo desabafou seus sentimentos em público, alheio às repercussões de suas ações. Um momento de emoção irracional se transformou em horas e dias de intervenção para crises, avaliação contra suicídio e aconselhamento obrigatório.

RISCOS E REPERCUSSÕES DAS REDES SOCIAIS

Conheço muitas famílias que tiveram uma experiência semelhante com a polícia aparecendo à sua porta, em reação a postagens feitas nas redes sociais por adolescentes. Às vezes, as postagens são irritadas, cheias de palavras ameaçadoras em relação a outra pessoa, e outras vezes são um grito de desespero que parece (e pode ser) uma tentativa de suicídio. Momentos de angústia, frustração e desespero na adolescência não são novidade. No entanto, a capacidade de anunciar isso em um fórum público e se espalhar como fogo é um fenômeno novo. Reações excessivas momentâneas podem causar consequências desnecessárias a longo prazo que são difíceis de desfazer.

A capacidade de desabafar pensamentos e sentimentos não filtrados por trás da segurança de uma tela, a aparente privacidade para procurar pornografia ou enviar e receber fotos de nudez, a capacidade de criar e recriar sua *persona* online, e a disposição de dizer ou fazer coisas que você nunca consideraria fazer na presença de alguém, tudo isso abre a porta do risco e de sérias repercussões para os jovens.

As redes sociais também afetam a estabilidade emocional dos jovens. Em um comunicado de 2021, o almirante Vivek Murthy relata uma tendência perturbadora. As evidências mostram um "aumento alarmante" nos problemas de saúde mental dos adolescentes, sendo que um em cada três estudantes do ensino médio e metade das estudantes do sexo feminino relatam sentimentos persistentes de desesperança ou tristeza.[1] As mídias sociais são indicadas como um dos principais contribuintes, com 81% dos jovens de 14 a 22 anos relatando que usavam as mídias sociais "diariamente" ou "quase constantemente".[2] Viver na realidade artificial altamente manipulada do Instagram, TikTok, Snapchat e outras plataformas de mídia social expõe os jovens a uma enorme lista de riscos: vergonha corporal e distúrbios alimentares, isolamento social, *bullying*, exposição a conteúdo sexualmente explícito, aliciamento por pedófilos e muito mais.

Esse estudo não é uma anomalia. Se você pesquisar online o tópico de crianças e redes sociais, encontrará uma infinidade de relatórios do Centro de Controle de Doenças, do *Atlantic Monthly*, da Biblioteca Nacional de Medicina, da Common Sense Media e de muitas outras organizações detalhando o impacto negativo das redes sociais e do uso constante da tecnologia em crianças e adolescentes.

Qual é a lição para os pais? Se inúmeras pesquisas demonstram preocupação com nossos filhos, estamos, como pais, prestando atenção? Estamos aceitando a crença de que crianças adquirirem aparelhos eletrônicos pessoais e terem redes sociais é um rito de passagem automático? Tememos a acusação de sermos os "únicos pais" que não permitem que seus pré-adolescentes tenham um telefone, que usam os controles parentais ou exigem uma política de aparelho aberto? Deixamos que o que outros pais e outras famílias fazem determine o que escolhemos aceitar como normal? Devemos considerar cuidadosamente como tomar decisões sábias sobre o que permitimos que nossos filhos acessem. Devemos estar dispostos a ficar na brecha e tomar algumas decisões difíceis sobre a melhor maneira de proteger o coração e a mente de nossos filhos; eles podem ser facilmente prejudicados ou corrompidos pelas coisas deste mundo.

---

1 Admiral Vivek Murthy, *Protecting Youth Mental Health: A U.S. Surgeon General's Advisory* (Office of the Surgeon General, 2021), p. 3. Disponível em: https://www.hhs.gov/sites/default/files/surgeon-general-youth-mental-health-advisory.pdf (acessado em 17/2/2024).
2 Ibid., p. 25.

ESTABELECENDO DIRETRIZES, EXPECTATIVAS E SUPERVISÃO DE REDES SOCIAIS E OUTRAS TECNOLOGIAS

Independentemente de quando e como seus filhos começarem a usar a tecnologia, converse com eles sobre o que esperar com o uso das redes sociais e por quê. Diga-lhes que você sabe que coisas como *sexting* e *cyberbullying* acontecem com os adolescentes, e, se eles sentirem que isso está acontecendo com eles, você quer saber *e os apoiará*. As crianças precisam ouvir repetidamente que seus pais não ficarão zangados nem irão puni-las se tiverem cometido alguns erros online, mas estarão ao lado de seus filhos e os apoiarão enquanto descobrem como se desembaraçar das coisas difíceis que estão acontecendo.

Se você optar por permitir que seus filhos estejam online, faça sua pesquisa e defina bons parâmetros para eles. Você pode considerar algumas destas formas de estabelecer proteções saudáveis para a presença de seu filho na internet:

- Estabeleça desde cedo os princípios de boa administração e responsabilidade. Sua intenção é que sua família aprenda a administrar bem a própria vida. Tudo o que eles têm, incluindo acesso à tecnologia e a aparelhos eletrônicos, é um privilégio e uma responsabilidade. Com essa responsabilidade vem a prestação de contas e a expectativa de uma disposição de serem transparentes e capazes de responder pelo modo como gerenciam o que lhes é dado.
- Como mencionado anteriormente, tenha sempre controles parentais nos aparelhos familiares. Independentemente das regras que você estabelecer para sua casa, é importante ter proteções acionadas para seus filhos. O controle parental dá às famílias a capacidade de filtrar conteúdo explícito ou indesejado, permite gerenciar o tempo gasto pelas crianças nos diversos sites, jogos ou compras e desligar quando os limites de tempo forem atingidos. Os controles parentais ajudam a fornecer

uma responsabilidade natural e lições de boa administração sem que você precise policiar ou brigar para obter acesso aos seus aparelhos.

- Certifique-se de adicioná-los como contatos em todos os sites nos quais estão. Isso ajudará você a responsabilizá-los pelo que publicam, além de alertar você sobre o que outros amigos ou colegas podem estar postando nas contas do seu filho.
- Considere por que você permite que as crianças tenham contas em certas redes sociais, plataformas ou acesso à internet. Elas realmente precisam disso? É uma maneira necessária de se comunicarem com clubes, escolas ou grupos de jovens? Quais são os prós e contras, perigos e benefícios?
- Considere quais padrões de estilo de vida saudáveis você deseja ajudar os jovens a estabelecer. Seja proativo em impedir que as crianças usem aparelhos durante toda a noite, criando hábitos para uma boa noite de sono e estabelecendo regras que mantenham os aparelhos fora dos quartos, sendo usados em áreas comuns, em que todos possam passar e ver o que está sendo feito. Certifique-se de que eles não levam os aparelhos a locais em que fiquem sem a sua supervisão, especialmente ao banheiro.
- O que é necessário pode variar de uma criança para outra. É importante estabelecer princípios e regras básicos para sua casa, bem como saber quando adaptar as regras por causa das necessidades de alguém ou por certo tempo. Por exemplo, um filho pode precisar de um aplicativo para acompanhar o que acontece em seu grupo de teatro, mas outro filho não. Talvez um adolescente precise baixar um aplicativo para uma viagem da escola, ou uma temporada esportiva, para depois desinstalá-lo.
- Ao ajudar os jovens a decidir como lidar com os aparelhos, treine-os para evitar colocar informações pessoais online. Descreva quais informações podem ser seguras para postar (primeiro nome, idade, série) e o que é imprudente postar (sobrenome, endereço, números

de telefone, nome da escola etc.). Ajudá-los a entender como essas informações podem ser mal utilizadas será bom para eles discernirem se o que estão prestes a dizer é sábio ou não. Eles devem dizer se estão sozinhos em casa? É prudente anunciar que vocês sairão de férias (e a casa estará vazia)?

- Explique que expressar ou desabafar seus sentimentos online não é apenas imprudente, mas pode ter consequências graves. Em um momento de raiva, coisas duras podem ser ditas e, depois, causarem uma reação em cadeia. Ensine-lhes que, se eles não deveriam dizer algo diante de uma sala cheia de alunos e professores, eles também não deveriam dizer isso online.

Há perigos flagrantes e ocultos no mundo; devemos aprender que não podemos nos apoiar exclusivamente em nosso próprio entendimento ao lidar com o cenário perigoso da tecnologia. É muito mais fácil para os jovens entendidos de tecnologia acreditarem erroneamente que sabem como navegar com segurança pelo mundo digital, justamente porque muitas vezes têm mais conhecimento das tendências tecnológicas do que seus pais.

As crianças que recebem as habilidades de distinguir o bem e o mal e que são criadas para pensar, avaliar e responder sabiamente aos problemas não se apoiarão em seu próprio entendimento. Quando enfrentarem coisas difíceis, como redes sociais e outras questões da internet, podemos confiar que nossos filhos saberão reconhecer o Senhor em tudo o que fazem, e isso os levará por caminhos retos.

Capítulo 19
PORNOGRAFIA E *SEXTING*

> *São os olhos a lâmpada do corpo. Se os teus olhos forem bons, todo o teu corpo será luminoso; se, porém, os teus olhos forem maus, todo o teu corpo estará em trevas. Portanto, caso a luz que em ti há sejam trevas, que grandes trevas serão!* (Mt 6.22-23)

Os jovens são atraídos pelo que é tentador. Infelizmente, vivemos em uma cultura que é saturada de sexo e glorifica uma visão grosseiramente distorcida da sexualidade. Em sua primeira exposição à pornografia ou a outro conteúdo sexualmente explícito, crianças ou adolescentes podem inicialmente sentir repulsa ou ficar em choque, mas também serão tentados e seduzidos. A curiosidade sobre o sexo pode levar os jovens a ver imagens que não lhes darão uma perspectiva correta de como Deus criou o sexo, mas corromperão sua compreensão do que é bom. Isso também confunde os jovens com uma falsa sensação do que é normal nas relações da vida real.

Quer comece por curiosidade natural, por lascívia pura e simples ou por manipulação de outra pessoa, é mais fácil do que nunca que nossos filhos sejam atraídos para um relacionamento viciante e destrutivo com a pornografia. Além do fácil acesso, há pessoas perversas que perseguem ativamente seus filhos para os expor à pornografia, a fim de corrompê-los e abusar deles.

EFEITOS A LONGO PRAZO DA EXPOSIÇÃO IRRESTRITA À PORNOGRAFIA

As crianças expostas à pornografia começarão naturalmente a se entregar a fantasias sexuais. Quando isso não é controlado, elas muitas vezes procuram formas para dar vazão às suas fantasias. E, embora todos lutem contra o pecado sexual ou a tentação, o que torna a pornografia insidiosa é que ela toma conta da mente e do coração e captura as afeições de seu filho. Constrói raízes fortes que moldam o caráter e as afeições dele. Muitas pesquisas foram feitas para mostrar como a pornografia tem um impacto negativo nos jovens. Uma rápida busca no Google sobre o assunto mostrará as estatísticas alarmantes dos efeitos a longo prazo que isso pode gerar se não for confrontado.

Um desses estudos afirma que "o uso excessivo de mídias, particularmente quando o conteúdo é violento, estereotipado por gênero e/ou sexualmente explícito, distorce a visão de mundo das crianças, aumenta os comportamentos de alto risco e altera sua capacidade de terem relacionamentos humanos bem-sucedidos e contínuos".[3]

A dificuldade dos adolescentes que lutam contra o vício em pornografia vai além de problemas com o sexo; eles também começam a ter problemas com relacionamentos. A pornografia confunde os jovens a pensarem que o que eles veem online é como um namoro ou relacionamento saudável deve ser e como eles devem se comportar. Isso objetifica e transforma o sexo em algo muito menor do que foi criado para ser — pega algo relacional e o transforma em algo degradante e autogratificante. Os jovens são abduzidos por um mundo artificial que parece glamouroso, onde são o centro das atenções e onde se sentem desejáveis e desejados. Não se engane: nossas crianças estão sendo ativamente seduzidas pela indústria pornográfica, e os resultados são extremamente prejudiciais.

---

[3] Allison Baxter, "How Pornography Harms Children: The Advocate's Role", *Child Law Practice, The American Bar Association*, 2014. Disponível em: https://www.americanbar.org/groups/public_interest/child_law/resources/child_law_practiceonline/child_law_practice/vol-33/how-pornography-harms-children--the-advocate-s-role/ (acessado em 17/2/2024).

Considere o que este estudo secular tem a dizer sobre como a pornografia prejudica os jovens:

> Estudos sobre conteúdo sexual e violência na mídia indicam que os jovens aceitam, aprendem e podem imitar comportamentos retratados na mídia como normativos, atraentes e sem risco. Isso é particularmente preocupante à luz da quantidade de materiais pornográficos que retratam violência contra as mulheres. Estudos anteriores sobre conteúdos pornográficos concluíram que o roteiro sexual típico se concentra nos desejos sexuais e nas proezas dos homens. Um estudo de 2010 com 50 filmes pornográficos populares sugere que a pornografia popular contém altos níveis de agressão física e verbal. O estudo constatou que apenas 10,2% das cenas pornográficas não continham nenhum ato agressivo. A agressão física ocorreu em 88,2% das cenas, e a agressão verbal em 48,7%. Os homens cometeram 70,3% de todos os atos agressivos, e 94,4% das agressões foram direcionadas às mulheres.[4]

Em alguns, a pornografia se alimenta de uma sensação de poder e controle. Considere o jovem que se sente impotente, fraco ou rejeitado. Ele entra no mundo da pornografia e é visto como alguém desejável, masculino e no controle. Ele é encorajado a expressar a si mesmo e seus impulsos e se sente poderoso, no controle de seu mundo. Isso começa a moldar a maneira como ele vê o sexo oposto, permitindo-lhe criar fantasias, degradando e objetificando as mulheres em sua vida para se sentir mais forte e dominante.

A fantasia sexual alimenta muitas atitudes e comportamentos corruptos que tendem a ser egocêntricos, impulsionados pelo escapismo e pelo prazer, proporcionando uma sensação alterada da realidade que afeta profundamente as amizades e os relacionamentos. Em vez de aprender a lidar com momentos relacionais difíceis, as crianças aprendem a escapar para um mundo de fantasia onde sentem que podem controlar seus relacionamentos. Muitas vezes isso é feito exercendo domínio.

---

4 Ibid.

OS PAIS DEVEM INTERVIR

O Salmo 119.37 diz o seguinte: "Desvia os meus olhos, para que não vejam a vaidade, e vivifica-me no teu caminho". O que parece proporcionar prazer momentâneo é realmente inútil e vazio. Leva à morte e à distração. Seu filho e sua filha precisam de sua ajuda para entender as próprias experiências e as tentações desenfreadas ao seu redor. Precisam que você entenda a luta deles e lhes dê esperança e uma maneira de escapar da tentação e da atração da vaidade.

Pergunte-lhes o que acham que este versículo quer dizer com "vaidade". Em seguida, discuta maneiras pelas quais você também pode ser tentado a olhar ou buscar vaidades. É útil mostrar aos nossos filhos que todos somos tentados a olhar para as coisas erradas em busca do tipo errado de realização ou prazer. Peça que eles compartilhem as formas como são tentados. Compartilhe que você sabe que buscar a pureza sexual é uma luta para todos nós, mas, quando pedimos sabedoria a Deus, ele reorienta nosso coração e nossas afeições para refletirem seu propósito perfeito.

Cada criança, adolescente, pai e lar é diferente. A maneira como cada um de nós luta ou é tentado pode variar, mas os temas geralmente são os mesmos. Procure maneiras de extrair os pensamentos, sentimentos e lutas de seus filhos. Em seguida, direcione-os para a esperança de que Deus os entende e se compadece deles, tendo já prometido fornecer um escape.

Aqui estão algumas sugestões práticas e princípios para conversar com seu filho adolescente sobre pornografia:

- Seja proativo em moldar as opiniões de seus filhos adolescentes sobre sexo, sexualidade, gênero e relacionamentos piedosos.
- Cultive e proponha conversas abertas sobre as tentações da pornografia, bem como os danos que ela causa.
- Prepare-os para as formas pelas quais eles podem ser expostos a imagens explícitas. Pode ser por meio de colegas, filmes, jogos online ou predadores que os perseguem online.

- Ensine-lhes como você gostaria que eles respondessem quando vissem imagens explícitas e quais medidas eles deveriam tomar (excluir a imagem imediatamente, desligar o aparelho, afastar-se etc.). Reconheça que, às vezes, eles podem ser expostos à pornografia sem terem culpa. Assegure-os de que não estarão em apuros, e ajude-os a pensar em como reagir e repelir tais tentativas de atraí-los.
- Lembre-os de que, se eles mergulharam intencionalmente na pornografia, Deus oferece graça e perdão abundantes. Independentemente dos erros que cometam, eles podem abandonar a tentação e começar de novo.
- Identifique adultos maduros a quem eles podem pedir ajuda ou conversar quando estiverem com dificuldades. Reconheça que às vezes eles podem ter medo de vir até você.

Incentive seu filho adolescente a desenvolver um relacionamento pessoal com o Senhor. Não há proteção mais forte do que uma criança com uma profunda convicção e senso de certo e errado. Quando uma criança desenvolve o amor a Deus, ela está firmada em seus caminhos e florescerá.

Como mencionado acima, Deus conhece nossas lutas. As Escrituras dizem que temos um sumo sacerdote que se compadece de nossas fraquezas (Hb 4.15) e que também fornece uma forma de escapar quando precisamos (1Co 10.13). Seja um farol de compreensão, conhecimento, esperança e compaixão. Nossos filhos terão dificuldades. Eles lutarão contra a tentação e precisam ver que entendemos e podemos oferecer-lhes sabedoria e ajuda.

Reitere aos seus filhos adolescentes que você sabe que eles não são perfeitos e podem ter dificuldades, tropeçar e se arrepender de suas escolhas. Faça-os saber que você os apoiará e que o perdão é dado gratuitamente. Direcioná-los ao Senhor em meio à luta os faz lembrar onde é possível encontrar esperança e ajuda. Lembre-os de que as misericórdias do Senhor se renovam a cada manhã (Lm 3.22-23).

SEXTING

Sexting, o envio de fotos de nudez por mensagens ou redes sociais, provavelmente não fazia parte da sua vida quando era jovem, mas certamente faz parte do mundo do seu filho. Se o seu filho tem algum aparelho, corre o risco de receber fotos sexualizadas ou pedidos para enviar as próprias fotos. O *sexting* tem todos os perigos e riscos da pornografia (objetificação e autogratificação), e os desdobramentos a longo prazo podem ser explosivos.

O *sexting* geralmente começa no contexto de um relacionamento entre namorados. Os rapazes muitas vezes pressionam suas namoradas a enviarem fotos de si mesmas nuas ou vestidas de forma inadequada. As adolescentes sentem-se pressionadas e podem querer agradar ou impressionar o namorado. Agora imagine que o rapaz envia aquela foto para todos os seus amigos para impressioná-los com o fato de que sua namorada é muito sensual. Antes que ela perceba, sua foto está sendo encaminhada sem seu consentimento pela escola, e ela não pode fazer nada para impedi-lo. Isso acaba nas redes sociais e ela sofre *bullying*, é chamada de todos os tipos de nomes grosseiros e é ridicularizada pelas colegas.

Riscos pessoais do *sexting*

Outro cenário muito comum no *sexting* é quando os adolescentes terminam. Nesse caso, as fotos são usadas e divulgadas para se vingar de um ex. As adolescentes são envergonhadas, ridicularizadas, ficam com medo de sair em público e não conseguem fugir do fato de que sua foto nua agora é pública e permanentemente parte de uma pegada digital. Se a adolescente se candidatar a um emprego ou ingressar em uma faculdade e seu nome ou imagem for pesquisado, essas imagens podem ressurgir, mesmo anos depois.

Ensine aos seus filhos adolescentes que eles deixarão uma pegada digital por onde passarem, e, uma vez que suas imagens estão disponíveis nas mídias sociais ou em outros sites, é difícil se livrar delas. Os adolescentes precisam de ajuda para entender a humilhação, a culpa e o desespero que resultam de tal atividade.

O *sexting* muitas vezes se transforma em *cyberbullying*. Uma imagem imprópria e privada compartilhada entre duas pessoas facilmente se transforma em zombaria pública e traz consequências. Se isso não for perigoso o suficiente, considere as muitas maneiras pelas quais seu adolescente se torna vulnerável ao aliciamento por predadores. Os predadores sexuais geralmente solicitam fotos de uma criança ou adolescente. Eles, então, usarão essas fotos para chantagear e forçar ou coagir adolescentes a realizarem favores sexuais. Alguns publicam essas fotos em sites de pornografia infantil e exploram as imagens. Ajude seu filho adolescente a entender que uma decisão imprudente de enviar uma foto nua pode ter repercussões que alteram sua vida. Muitas meninas caíram em depressão, ansiedade e até se tornaram suicidas por terem suas imagens usadas e abusadas.

Consequências legais do *sexting*

Também vale a pena notar que a maioria dos adolescentes desconhece as leis em torno do *sexting*. Em muitos lugares, ter uma foto de um menor de idade nu constitui pornografia infantil, e quem possui a foto pode ser responsabilizado criminalmente. Não importa que seu filho adolescente tenha recebido essa foto de um amigo. Se o seu filho for encontrado com uma foto de outro adolescente nu, ele pode enfrentar acusações criminais.

É ilegal enviar fotos sexualmente explícitas de qualquer indivíduo com menos de 18 anos. Você pode ser acusado criminalmente se tirar uma foto nua, seminua ou sexualmente explícita de um indivíduo menor de idade, mesmo que seja de si mesmo ou com o consentimento dessa pessoa. Se um amigo ou outra pessoa lhe enviar uma foto ou vídeo e o arquivo for encontrado em seu aparelho, você pode ser responsabilizado legalmente. Se o adolescente encaminhar uma foto ou vídeo que foi enviado a ele de alguém menor de idade, ele pode ser responsabilizado legalmente. Todos esses atos se enquadram em pornografia infantil e têm sérias penalidades.

Por todas essas razões, ensinar seus jovens a terem caráter e respeito pelos outros é fundamental para ajudar a protegê-los contra esses perigos. Uma criança que é criada para olhar para as pessoas e tratá-las com dignidade terá menos chance de se envolver nessas situações destrutivas. Mesmo as crianças boas são tentadas e tomam decisões ruins no calor do momento. Não presuma, por ter conversado sobre isso uma vez, que seus filhos estão preparados para os desafios diante deles. É vital manter as linhas de comunicação abertas e sempre convidar nossos filhos a falarem conosco sobre tais coisas.

Sugestões para conversar com seus filhos sobre *sexting*

- Tenha uma política de portas abertas com seus filhos. Incentive a conversa e levante os tópicos difíceis para eles.
- Eduque seus filhos sobre *sexting*: o que é, por que as pessoas caem na tentação e como podem evitá-la.
- Presuma que seu filho um dia receberá uma foto nua ou um pedido para tirar uma. Fale sobre como ele deve lidar com isso (excluir imediatamente, falar com você etc.). Lembre-o de que ele nunca deve salvá-la, enviá-la para outra pessoa ou participar de um diálogo sobre a foto.
- Seja muito claro sobre as leis e como elas podem impactar seus filhos se não derem ouvidos à sabedoria.
- Lembre-os de que as pessoas nem sempre são quem dizem ser, e, quando eles enviam qualquer tipo de foto ou informação pessoal, é possível que ela seja mal utilizada.
- Peça ao seu filho adolescente, caso ele receba qualquer comunicação sexualmente explícita de um adulto, que se dirija imediatamente a você ou a outro adulto de confiança e denuncie às autoridades.
- Esteja disposto a falar sobre as razões pelas quais as crianças cedem a esses pedidos. Fale sobre identidade, pressão dos colegas, o desejo de ser aceito e as tentações que acompanham esses desejos.

Essas são conversas sérias que devemos ter, sobre problemas sérios que acarretam consequências sérias. Por isso é importante que você sempre afirme seu amor por seus filhos. Lembre-os de que você sabe que eles cometerão erros e terão dificuldades, e você estará disposto a ajudá-los. Reserve um tempo para lembrá-los do amor de Deus por eles e que, mesmo (especialmente) em meio aos problemas, Deus estará com eles e sua mão direita os segurará (Sl 139.10).

CAPÍTULO 20
ABUSO DE ÁLCOOL, DROGAS E CIGARRO/*VAPE*

Acaso, não sabeis que o vosso corpo é santuário do Espírito Santo, que está em vós, o qual tendes da parte de Deus, e que não sois de vós mesmos? Porque fostes comprados por preço. Agora, pois, glorificai a Deus no vosso corpo. (1Co 6.19-20)

Quando as crianças se tornam adolescentes, começam a enfrentar tentações e situações das quais podem ter sido anteriormente protegidas: exposição à pornografia, dificuldades de um amigo suicida ou vítima de abuso, oportunidades sexuais e/ou acesso a drogas e álcool. Para muitos adolescentes, esses problemas os atingem pela primeira vez e, sem uma preparação proativa, eles muitas vezes cedem às tentações da pressão dos colegas. Como pais, é importante ter conversas com seus filhos desde cedo, como já discutimos, para lhes ensinar que Deus os criou e que cuidamos do nosso corpo para honrá-lo e sermos bons administradores do que ele nos deu. O princípio geral ao conversar com seus filhos sobre atividades que podem prejudicá-los é a boa administração.

Em tudo, somos chamados a glorificar a Deus, e isso inclui como cuidamos de nosso corpo e quais escolhas fazemos sobre o que colocar nele.

Historicamente, as escolas têm trabalhado arduamente para evitar que as crianças comecem a fumar e a usar drogas e álcool. Testemunhos assustadores dos efeitos do uso contínuo de drogas ou vídeos de acidentes de carro com motoristas alcoolizados podem ter um valor de choque momentâneo, mas, quando o choque passa e os adolescentes veem seus colegas se divertindo ao fumarem cigarros eletrônicos (ou *vapes*), usando drogas ou bebendo sem quaisquer repercussões imediatas, eles começam a duvidar que haja um risco real. Os adolescentes ainda estão se desenvolvendo emocional e cognitivamente; não têm maturidade e discernimento. Eles são notoriamente incapazes de julgar ou medir riscos, sem mencionar que se enxergam como invencíveis.

Embora pareça que as crianças em sua maioria entendem a mensagem sobre os perigos do abuso de drogas e álcool, bem como os riscos para a saúde do fumo e do cigarro eletrônico, elas podem estar ouvindo informações falsas de seus colegas. Quando não veem nenhum problema imediato, duvidam de todos os avisos. Os colegas muitas vezes apresentam essas atividades como inócuas. No entanto, elas *são* perigosas. As crianças não devem beber álcool nem usar qualquer droga ou produto de nicotina. A ciência recente levanta preocupações sobre os efeitos adversos da maconha e da nicotina no desenvolvimento dos adolescentes, sem mencionar que há uma grande variedade de outras toxinas sendo consumidas em coisas como vapor de cigarros eletrônicos.[1]

---

1 Jasmine Reese, "The Dangers of Vaping and E-Cigarettes", *Johns Hopkins Medicine* (abr. 2018). Disponível em: https://www.hopkinsallchildrens.org/achnews/general-news/the-dangers-of-vaping-and-e-cigarettes.

DISCIPULANDO SEUS FILHOS EM MEIO ÀS TENTAÇÕES

Pergunte aos seus filhos adolescentes o que eles sabem sobre drogas, fumo ou cigarros eletrônicos, e o que pensam sobre isso. Converse com eles sobre os perigos — mas não se detenha apenas nas repercussões e consequências. Amplie a conversa para as questões maiores envolvidas, como enfrentar tentações e seguir a Cristo. Veja isso como mais uma oportunidade de caminhar com eles e discipulá-los em um mundo cheio de seduções que ameaçam consumi-los. Seja pornografia, álcool, drogas ou qualquer outra tentação, eles devem saber que você entende as pressões que eles enfrentam, porque você as enfrenta também. Quando eles sabem que você entende, você passa a ter voz na vida deles. Identifique-se com a dificuldade de viver neste mundo e não ceder ao que é tentador. Demonstre empatia com as dificuldades deles; eles se sentirão ouvidos e compreendidos.

Aqui estão algumas maneiras de discipular seus filhos em meio a essas tentações:

- Conecte-os a Deus, que entende suas lutas. Lembre-os frequentemente da compaixão dele (Hb 4.15-16).
- Os jovens precisam de orientação e ajuda para viver uma vida de domínio próprio. Seja você mesmo um modelo de autodisciplina (Tt 2.12).
- Faça-os assimilar que, embora algo pareça permissível (legal, aceitável, inofensivo), não significa que seja bom — ou bom para você (1Co 6.12).
- Lembre-os de que Deus pode fornecer um escape para situações tentadoras (1Co 10.13-14). Lembre-os de que, quando estão em meio a uma luta, Deus pode livrá-los. Em seguida, dê o próximo passo e forneça opções e ajuda. Por exemplo: ligar para um amigo, entrar em contato com um mentor, desligar a internet, prestar contas etc.
- Esteja disponível e acessível quando eles estiverem com dificuldades (Sl 50.15).

- Lembre-os de que sempre há graça e perdão esperando por cada um de nós. Direcione-os para a oferta gratuita de perdão por meio de Jesus quando pecarem (1Jo 1.8-9).

Por também enfrentarmos lutas semelhantes para nos conformarmos ou em busca de aceitação, podemos oferecer empatia honesta pelas lutas deles; nós também enfrentamos a tentação. Temos a oportunidade de mostrar compaixão e oferecer sabedoria a partir de nossas próprias lições duramente aprendidas. Nossos filhos também precisam que as Escrituras sejam relevantes em sua vida, e os pais são o maior recurso que Deus pode usar para isso acontecer.

Que maneiras práticas temos para oferecer ajuda para a tentação específica que eles estão enfrentando? Novamente, encenar as situações em que eles podem se encontrar é uma das melhores maneiras de prepará-los. Ajude-os a encontrar palavras para responder quando lhes oferecerem alguma substância. Frases simples que eles estejam mais confortáveis em dizer são sempre as melhores. Coisas como: "Não gosto disso" ou "Não, eu não uso essas coisas; não pergunte de novo" podem ser maneiras curtas e simples de rejeitar essa pressão. Incentive-os e elogie-os quando os vir assumindo uma posição.

Cada história que você ouve, cada fracasso e cada conversa em que eles compartilham o próprio coração são uma oportunidade para você transmitir sabedoria e bom discernimento aos seus filhos. Em vez de dar um sermão quando tomam decisões imprudentes, use as conversas como uma oportunidade para ajudá-los a crescer em sabedoria. Fazer boas perguntas geralmente é muito melhor do que instruir. Por exemplo, se seu filho adolescente compartilha com você todas as coisas destrutivas que seus colegas fizeram no fim de semana, é fácil responder simplesmente dizendo: "Isso é terrível." Mas seria muito melhor fazer algumas perguntas simples, como "O que você estava pensando ao ouvi-los falar?", "Como você processa o que eles disseram?", "Isso fez você se sentir como se estivesse perdendo alguma coisa?", "O que você acha que teria feito se estivesse nessa situação?".

Essas perguntas ajudam você a saber como seus filhos pensam e avaliam as pessoas ao redor. Isso lhe dá a percepção de onde eles podem ser tentados ou onde podem glamourizar a vida dos outros. Fornece um vislumbre do coração de cada um e ajuda você a saber como conversar bem com eles sobre os problemas que estão enfrentando. Também faz com que eles se sintam ouvidos e compreendidos. Isso os impede de sentir que você está lá para simplesmente julgar, dar sermão e condenar. Antes, mostra que você se importa com a forma como eles pensam e se sentem.

Ao ouvir com atenção e dedicar um tempo para realmente conversar com eles, você está passando a mensagem de que a opinião deles é valorizada, ao ouvi-los e deixar que expressem seus pensamentos. Todos sabemos que, quando sentimos que alguém valoriza nossa opinião, é muito mais fácil ouvir seus pensamentos e acolher suas opiniões.

É fácil para os pais se deixarem distrair pelo medo quando seus filhos adolescentes compartilham um pouco do que está acontecendo em sua vida; mas se esforce para estar sempre aberto. Peça a Deus a graça de lembrar que ele ama seus filhos mais do que você, e é ele quem fornecerá uma maneira de escapar das tentações que eles enfrentam. O medo, como já discutimos, é paralisante. A fé nos oferece a oportunidade de dar pequenos passos de amor em direção a nossos filhos, ouvindo e ajudando-os a avaliar seu mundo com sabedoria e discernimento.

CAPÍTULO 21
LIDANDO COM QUESTÕES DE SAÚDE MENTAL

O Senhor é quem vai adiante de ti; ele será contigo, não te deixará, nem te desamparará; não temas, nem te atemorizes. (Dt 31.8)

Quando os adolescentes sofrem com questões de saúde mental, muitas vezes é difícil saber por que e como ajudar. Suas dificuldades podem ser devidas a diversas razões: danos causados a eles, escolhas que fizeram, lutas e dificuldades inerentes e comportamento aprendido (apenas para citar algumas). Em qualquer dificuldade, queremos que nossos filhos saibam que não estão sozinhos. Aquele que os criou sempre está com eles, vai adiante deles e está no meio de suas batalhas. Eles também precisam saber que, independentemente do que estiverem enfrentando, nós os apoiaremos. Eles precisam desesperadamente de vozes maduras e amorosas em sua vida para ajudá-los a lidar com as próprias lutas emocionais.

ESTEJA ATENTO À SAÚDE MENTAL DO SEU FILHO

Adolescentes estão cada vez mais enfrentando problemas de saúde mental. É provável que eles enfrentem (ou tenham colegas enfrentando) situações que vão desde ansiedade até depressão, suicídio, questões de identidade, desesperança, vício e muito mais. Pais que conversam regularmente com seus filhos, se aproximam e se envolvem com eles são muito mais propensos a perceber esses tipos de dificuldades. Um adolescente que está comprometido em esconder as coisas de seus pais encontrará maneiras de fazê-lo, mas será muito mais difícil se os pais forem proativos e atentos à vida de seus filhos. Converse com seus filhos sobre como reconhecer quando eles estão se sentindo tristes ou deprimidos, ou quando estiverem lutando com problemas de imagem corporal ou um distúrbio alimentar. Mais uma vez, quanto mais você falar com eles sobre essas coisas, será menos temeroso e estigmatizante recorrer a você com as dificuldades deles.

Como pai ou mãe, preste atenção aos seus instintos quando estiver preocupado. Os pais e outros mentores próximos provavelmente conhecem os adolescentes melhor do que ninguém. Muito poucas pessoas estarão tão comprometidas em conhecer e entender a saúde mental de um adolescente quanto um pai ou adulto próximo. Gastam mais tempo e energia em seu relacionamento, são os que mais conversam com eles, então também estarão entre os primeiros a notar uma mudança de comportamento.

Adultos sábios leem intuitivamente o rosto, a linguagem corporal e os silêncios de uma criança. Os pais muitas vezes percebem sinais de que algo está errado porque passaram anos observando seus filhos. É o discernimento nascido de inúmeros momentos observando como seus filhos respondem a situações de tristeza, frustração, mágoa, raiva e alegria. Vem de milhares de grandes e pequenos momentos e experiências de vida que os pais viveram com seus filhos. É perceber o que parecem ser reações "normais" de seus filhos e coisas que parecem fora do padrão. Embora os pais sejam os que mais rapidamente percebem sinais de que algo está errado, qualquer mentor próximo ou parente que conheça bem o adolescente também pode estar atento a mudanças na forma como um adolescente responde a momentos de tristeza, frustração, mágoa, raiva e alegria.

Isso não significa que você conseguirá detectar todas as anormalidades em seu comportamento ou humor, nem significa que você sempre saberá as razões pelas quais um adolescente pode estar "diferente". Significa simplesmente que muitas vezes você sente algo antes de ser capaz de articular as razões — e você não deve ter medo de prestar atenção. Isso também não significa que um pai ou alguém que trabalha com os jovens deva ser culpado se não perceber o comportamento de um adolescente. Jovens que realmente querem esconder ou enganar conseguem fazer isso. Não importa o quão sintonizado você esteja, você pode não notar o que eles mantiveram profundamente escondido.

Se você suspeitar que seu filho adolescente está correndo risco, não hesite em buscar ajuda. Faça o adolescente falar, especialmente com adultos confiáveis. Seja um conselheiro, líder de jovens, mentor, pai ou um adulto de confiança, busque pessoas que falarão à vida desse adolescente. Se você acredita que seu filho está em risco imediato, ligue para a emergência, leve-o a um hospital e obtenha ajuda profissional.[1]

QUANDO OS AMIGOS DO SEU FILHO ESTÃO SOFRENDO

Também é importante conversar com seus filhos adolescentes sobre o que fazer se eles estiverem sofrendo emocionalmente — ou se seus amigos se abrirem e admitirem que estão sofrendo. Às vezes, seu filho adolescente pode estar bem, mas, à medida que interage com um colega que está sofrendo, ele se vê adquirindo dificuldades emocionais semelhantes.

Os amigos podem se abrir para o seu filho sobre estarem com depressão ou até mesmo com pensamentos suicidas, mas podem pedir que ele não

---

1 Julie Lowe, *Teens and Suicide: Recognizing the Signs and Sharing the Hope* (Greensboro, Carolina do Norte: New Growth Press, 2020), p. 9.

compartilhe essa informação com ninguém. Seu filho adolescente desejará ser um bom amigo, mas se sentirá sobrecarregado por tentar ajudar ou tentar saber o que fazer. Ele pode achar que, para se conectar com um colega, precisa tomar para si as dificuldades dele, ou começa a ter empatia demais com um colega. Vemos isso acontecer em questões como automutilação e suicídio. Os adolescentes começam a influenciar uns aos outros em padrões de pensamento e comportamentos negativos.

O que eles devem fazer nesses momentos? Converse bastante com seu filho sobre o que é ser um bom amigo e como ele pode saber se algo é sério o suficiente para buscar a intervenção de um adulto.

Aqui estão algumas perguntas que você pode fazer para ajudar a avaliar a gravidade de suas dificuldades (ou de um amigo):

- "Você se sente inseguro?" Discuta que tipo de coisas podem fazer com que ele ou um amigo se sintam inseguros. Por exemplo, eles estão se ferindo ou evitando comida ou cuidados médicos?
- "Seu amigo está envolvido em comportamentos destrutivos (mutilação, drogas ou álcool etc.)? Parece falar muito sobre armas, querer matar animais ou machucar outros? Seus comportamentos estão aumentando em gravidade ou frequência?"
- "Ele está disposto a procurar ajuda?"
- "Algum adulto maduro na vida do seu amigo está ciente do que está acontecendo?"
- "Ele está sofrendo *bullying*? Você testemunhou isso? Alguém foi capaz de intervir efetivamente? Como isso o está impactando? Ele tem compartilhado com alguém?"
- "Ele está se afastando de atividades normais, doando seus pertences, fazendo declarações online ou em público sobre querer morrer ou a vida ser sem sentido? Alguma dessas coisas está se tornando mais frequente?"
- "Ele tem um sistema de apoio? Essas pessoas são prestativas?"

Confie em seus instintos.

Ajude seus filhos a terem coragem para compartilhar o que estão sentindo e fazendo, mesmo quando sabem que os outros podem ficar chateados ou com raiva deles. Fale que eles podem não apreciar isso no momento, mas, quando receberem ajuda e recursos e sentirem um renovado senso de esperança e apoio, podem até mesmo agradecer. Porém, mesmo se não agradecerem, eles podem ter certeza de que o que foi feito foi para o seu bem, embora não percebam isso.

Essa é a hora de ajudar seus filhos a entenderem o que é ajudar de verdade, dando-lhes coragem e ousadia para tomar decisões difíceis que serão impopulares no momento, mas que serão sábias, amorosas e irão resgatá-los. Também aumenta suas expectativas de como responder aos amigos. Todos se beneficiam quando estamos dispostos a ter essas conversas com nossos adolescentes.

Se seu filho tem um amigo que está sofrendo, desencoraje-o a tentar resgatar o amigo por conta própria. Muitos jovens acham que é seu dever atuar como conselheiro ou terapeuta para seus amigos ou estar disponível 24 horas por dia se o amigo estiver sofrendo; eles sentem o peso e a pressão de resolver as dificuldades do amigo ou carregar seus fardos. Que jovem tem a sabedoria e o discernimento para ser capaz de ajudar um dos seus próprios colegas em meio a situações tão difíceis e sofridas? Muitos adultos se sentem despreparados para fazer isso. É um fardo que eles nunca deveriam carregar; tampouco têm os recursos para intervir efetivamente na experiência de um amigo. Em vez disso, direcione-os para pessoas qualificadas que possam ajudar. Talvez seja um conselheiro vocacional na escola, um adulto de confiança ou os pais de alguém. O melhor papel do seu filho é simplesmente ser um amigo atencioso, sem assumir a responsabilidade de resolver os problemas alheios.

Considere conversar sobre estes cenários com seus filhos:

- "O que você faria se um amigo seu dissesse ter pensamentos suicidas?" (Opção: vá com ele até um ou dois adultos atenciosos e compartilhe o que ele está sentindo.)

- "Como você deve reagir se um de seus colegas postou nas redes sociais que estava vendendo drogas?" (Envolva um pai, um adulto ou um orientador, converse com seu amigo e expresse sua preocupação.)
- "Se um amigo confidenciasse que está ouvindo vozes e elas o mandam machucar alguém, o que você diria ou faria?" (Peça que ele compartilhe isso com um pai ou adulto, ofereça-se para ir com ele, continue a ser um bom amigo.)
- "Se um amigo admitisse ter um distúrbio alimentar, como você responderia?" (Expresse preocupação, ofereça apoio, aproxime-o de influências maduras — discuta quem pode ser.)
- "Você já teve um amigo ou colega de classe que lutava contra a depressão? O que você notou nele? O que você poderia ou gostaria de lhe dizer?" (Fale sobre como incentivar, oferecer esperança e obter ajuda de um adulto maduro e atencioso.)
- "Se você achasse que um colega está com sérios problemas, a quem você procuraria?" (Em quem você confia? Quem pode ser mais próximo do seu amigo? Que tipo de problema poderia ser?)
- "O que poderia fazer com que os adolescentes se sentissem mais à vontade para recorrer a seus pais ou um adulto?" (Uma garantia de apoio, não ser castigado, ouvir com atenção etc.)
- "A quem você procuraria se alguma vez se sentisse deprimido, sofresse com um distúrbio alimentar ou quisesse se ferir?" (Dê ao seu filho a oportunidade de pensar em várias boas escolhas e indique pessoas em quem você confiaria para ajudar.)
- "Você já se preocupou com um de seus amigos? Por quê?" (Converse sobre sinais e comportamentos que o seu filho aprendeu a avaliar, indicadores de que alguém está com problemas.)

Faça suas próprias perguntas, ouça e faça mais perguntas. Seus filhos falarão se você dedicar tempo e mostrar paciência. Tanto os adolescentes quanto os pais precisam de ajuda para entender sua experiência e encontrar esperança no meio de uma batalha perturbadora pelo bem-estar de um jovem. Uma perspectiva piedosa e sábia capacita você a lembrar o que é verdadeiro, o que é passageiro e o que é eterno. Ela molda o que você faz com suas mágoas e emoções, e lembra a você onde sua confiança realmente está. Também ajuda você a conduzir seu filho adolescente para a esperança e para aquele que o sustentará e preparará em meio às suas dificuldades, bem como nas lutas em que seus colegas o envolvem.

Em um recurso que escrevi sobre adolescentes e suicídio, lembro aos pais:

> A vida inclui uma infinidade de alegrias e muitos desgostos. Os lares cristãos não estão imunes às provações deste mundo; elas caem sobre crentes e incrédulos. No entanto, Deus promete nos livrar do mal em meio a elas. Uma esperança piedosa nos posiciona no centro da vontade de Deus. Ela nos lembra de que vivemos para algo melhor do que o que é temporário. Ela nos dá uma visão da eternidade. Isso significa que posso confiar em Deus em meio às lutas de um adolescente, bem como nas minhas próprias.[2]

As questões de saúde mental de seus filhos adolescentes (e de seus amigos) não estão fora do cuidado e da atenção de Deus. Deus está observando e cuidando deles, e será o socorro deles e seu no problema que você está enfrentando com eles.

---

2 Ibid., p. 20.

Capítulo 22
HABILIDADES DE SEGURANÇA PARA MAIOR INDEPENDÊNCIA

Quando eu era menino, falava como menino, sentia como menino, pensava como menino; quando cheguei a ser homem, desisti das coisas próprias de menino. (1Co 13.11)

Quando as crianças chegam à adolescência, muitas vezes acreditam que chegaram à plena maturidade e estão prontas para nos ensinar algumas coisas. Ao mesmo tempo, ainda precisamos lembrá-las de escovar os dentes, arrumar o quarto e comer algo além de salgadinhos e balas. Maior independência e autonomia não equivalem imediatamente a maturidade e sabedoria. É preciso discipulado e preparação contínua para que nossos jovens comecem a raciocinar e responder com maturidade.

É nossa responsabilidade não esmorecer em demonstrar interesse e influência ativamente, mesmo quando nossos adolescentes acham que não precisam mais de nós. Esse é um momento para nos dedicarmos ainda mais para construir um relacionamento com eles. Nós agimos para ganhar o respeito e a confiança deles e demonstrar que ainda somos um suporte relevante e muito necessário. Isso não é feito com o objetivo de controlá-los, mas para manter o relacionamento. Escolhemos andar ao lado deles e nos oferecemos para ser um guia e uma influência contínua. Enquanto fazemos isso, oramos para que o Espírito os guie e lhes dê ouvidos atentos a Deus e sua Palavra.

Passamos bastante tempo falando sobre ajudar nossos filhos a avaliar comportamentos e escolhas, discernir o certo e o errado, para que eles cresçam em sabedoria e discernimento. Nós também, como pais, devemos avaliar e discernir o comportamento de nossos adolescentes e jovens. Avaliamos seus comportamentos e escolhas, paixões e interesses, e observamos para ver se eles estão crescendo e amadurecendo nos caminhos da sabedoria. Oramos por eles e procuramos oportunidades para orientá-los.

Você crê ter estabelecido uma base que preparou seu filho com habilidades de segurança? Seu filho adolescente sabe como avaliar o comportamento das pessoas ao seu redor? Caso contrário, sinta-se à vontade para voltar às seções anteriores deste livro e se comprometer a ensinar seus filhos a avaliarem comportamento e não caráter. O princípio fundamental que seus adolescentes precisam lembrar do início do livro é que estranhos não são perigosos — pessoas perigosas são perigosas. Eles precisam ser capazes de avaliar se o que uma pessoa está pedindo que eles façam é bom, certo ou errado, ou mesmo questionável. Também precisam saber a quem chamar se precisarem de ajuda.

A maioria dos adolescentes e jovens presumem que saberão se estiverem em perigo. No entanto, muitas vezes eles não têm a maturidade ou a antevisão para perceber os perigos potenciais em diversas situações de segurança. Podemos e devemos incutir confiança e independência em nossos filhos, ao mesmo tempo que os ajudamos a evitar ou se afastar de situações perigosas ou arriscadas.

O fato de seu filho agora ser mais independente não significa que seja menos vulnerável. Os adolescentes são vulneráveis de maneiras diferentes de uma criança. Enquanto as crianças pequenas raramente ficam sem supervisão, os adolescentes muitas vezes ficam. Eles não são apenas deixados por conta própria e para fazer suas escolhas sábias ou insensatas; também estão sujeitos às escolhas sábias ou tolas de seus colegas. Seja o comportamento de seus amigos, namorado ou namorada, professores, treinadores, líderes juvenis, irmãos mais velhos ou outros parentes, seus filhos devem estar dispostos a avaliar e rejeitar qualquer pessoa que eles percebam estar agindo de forma inadequada.

PERGUNTAS PARA OS ADOLESCENTES FAZEREM

Essa é uma grande responsabilidade para eles! Contudo, se você estabeleceu uma base para ajudá-los a saber como avaliar o comportamento de alguém, eles serão capazes de fazer as perguntas certas. Quando alguém lhes pede para fazer algo, eles devem se perguntar: "É bom e correto? Ou é desconfortável, errado, imoral ou mesmo ilegal?". Se você criou seu filho adolescente para prestar atenção aos comportamentos e lhe deu liberdade para rejeitar qualquer pessoa, mesmo um adulto, que lhe mande fazer algo errado ou inapropriado, ele lidará com diversas situações potencialmente prejudiciais com muito mais facilidade.

Ensine-o a prestar atenção ao que o deixa desconfortável e avaliar o motivo para isso. Ele pode avaliar algo como inofensivo ou inocente, mas, se aquilo reaparecer mais tarde, será capaz de aprofundar sua preocupação e prestar atenção. Alguém frequentemente o elogia, dá presentes ou dedica muita atenção? Em caso afirmativo, ensine-o a avaliar o porquê. Ensine que um adulto procurar passar tempo sozinho com ele, especialmente longe de olhares públicos, é um sinal de alerta. Talvez um treinador que ele queira muito impressionar comece a deixá-lo desconfortável com suas demonstrações de afeto. Talvez um voluntário ou líder do grupo de jovens comece a dar atenção e oportunidades especiais. Talvez seja o irmão mais velho ou primo de seu melhor amigo que sempre o chama de puritano por não querer fumar maconha com ele.

AJUDE-OS A IDENTIFICAR PESSOAS CONFIÁVEIS

Com seu filho adolescente, identifique dois ou três adultos maduros e confiáveis que você gostaria que ele procurasse caso sentisse necessidade de falar com alguém e não pudesse entrar em contato com você. Garanta-lhe que, independentemente do que estiver errado, você gostaria que ele buscasse essas pessoas, e que ele não estaria encrencado. Fale sobre as formas possíveis de buscar a ajuda desses adultos: se ele estiver sentindo a pressão dos colegas ou a tentação sexual no namoro; se ele foi exposto a drogas ou cigarro; ou talvez esteja com dificuldades em uma escolha ou decisão na vida e não sabe como compartilhar isso com você, como pai ou mãe.

Muitos jovens têm apenas seu próprio grupo de colegas para confiar como fonte de aconselhamento. Você deve fazer tudo o que puder para garantir que seus filhos tenham pessoas maduras e mais sábias à disposição quando necessário. Quando um adolescente reconhece algum comportamento ou evento como errado ou inadequado, pode parecer que o momento ou tempo para agir já passou. Garanta aos seus filhos adolescentes que você ainda gostaria de ouvir sobre a experiência deles e ajude-os a processá-la. Ainda que você pense que eles deveriam ter recorrido a você antes ou reagido de forma diferente, agradeça-lhes por falar sobre isso e estarem dispostos a serem honestos com você.

Reafirme seu amor por eles e seu desejo de sempre poder falar sobre as coisas difíceis. Você pode pensar que estou sendo repetitiva, mas talvez nunca consiga enfatizar isso o suficiente. É importante incentivar e afirmar os adolescentes, mesmo quando você considera que eles deveriam ter feito algo diferente. Subestimamos quanto é difícil para nossos jovens compartilhar coisas que eles acham que lhes causarão problemas, das quais se envergonham ou que acham que nos deixarão decepcionados. Você precisa encorajar e afirmar seu amor por eles em qualquer situação, para que da próxima vez eles venham até você de novo (talvez até antes). Se eles receberem críticas ou um sermão, tenha certeza de que hesitarão em vir até você da próxima vez.

SENHAS

Anteriormente neste livro, discutimos a opção de senhas, palavras de segurança e outras formas para uma criança comunicar ao pai ou à mãe a necessidade de assistência quando se encontra em situações inesperadas. Agora vamos considerar como isso pode ser útil para adolescentes.

Quero que meus adolescentes sejam fortes o suficiente de caráter para serem capazes de enfrentar comportamentos negativos, e os ajudarei a fazer isso. No entanto, também entendo a natureza da pressão dos colegas, das surpresas inesperadas e dos muitos eventos confusos em que os adolescentes podem se encontrar sem saber o que fazer. Queremos que nossos filhos "defendam o que é certo", mas é irrealista pensar que tais situações sempre serão claras.

Nossos filhos podem se encontrar em cenários desconfortáveis ou inseguros sem que a culpa seja deles, e eles podem não estar preparados, ser rápidos ou assertivos o suficiente para saber como sair disso. Às vezes isso ocorre por decisões tolas que eles tomaram. Por exemplo, considere o adolescente que decide entrar no carro com seus amigos depois da escola e dar um passeio, sabendo que seus pais não gostariam disso. Enquanto passeiam, um de seus amigos abre uma garrafa de vodca e começa a distribuí-la. Seu filho está desconfortável e sabe que é contra a lei dirigir enquanto bebe — sem mencionar que todos são menores de idade[1]. Ele se sente desconfortável em questionar seus colegas e não sabe como sair disso. Ele também sabe que, se ligar ou enviar mensagens de texto para seus pais, eles ficarão chateados de saber que ele está em um carro com seus amigos sem a permissão deles. O que ele faz? Para quem ele pode ligar? E, se ele tem medo que seus pais saibam que ele precisa de ajuda para sair da situação, o que ele poderia fazer discretamente para evitar uma situação ainda mais questionável com seus colegas?

---

1 N.E.: Na maioria dos estados americanos, a idade legal para dirigir é de 16 anos, mas para ingerir bebidas alcoólicas é de 21. No Brasil, a idade mínima para dirigir ou ingerir bebidas alcoolicas é de 18 anos.

Ter uma palavra ou frase como senha pode ser realmente útil para os jovens nessa situação; algo que lhes diga que seus pais estarão lá, ou que seja sua desculpa para tirá-los da situação na qual se encontram, sem dúvida nem hesitação. Considere alguns exemplos que você pode dar ao seu filho adolescente ou jovem:

- Diga que, se ele estiver em uma situação desconfortável e tiver medo, deve enviar uma mensagem para você: "Pai, esqueci de tomar meu remédio". Você saberá que esse é um sinal para perguntar: "Quer que eu leve para você?". Esse é o código para: "Você quer que eu vá buscá-lo?". O adolescente pode responder "sim" ou "não".
- Se ele precisar sair de uma situação questionável por conta própria, mas precisar de uma desculpa, ele pode dizer: "Minha mãe disse que há uma emergência em casa e eu preciso ir imediatamente". Ou: "Desculpem, pessoal, tenho que falar com meus pais, vocês sabem como eles são; se eu não ligar, eles virão atrás de mim". Em seguida, seu filho liga ou envia uma mensagem para que você saiba do que ele precisa.
- Talvez seja uma frase simples, como uma citação de filme, do tipo "Não sei, só sei que foi assim" ou uma palavra que sua família nunca usaria normalmente, como "dromedário". Seja lá o que for, precisa ser algo fácil de lembrar e acessível o suficiente para alertar você sobre a necessidade de intervenção.

Também demos permissão aos nossos filhos para nos tornar os "vilões" ou para nos usar como desculpa para sair da situação. "Desculpem, pessoal, minha mãe acabou de me mandar uma mensagem dizendo que eu preciso voltar para casa." Quando eles não são corajosos ou assertivos o bastante para agir, quero estar disposta a assumir a culpa ou a responsabilidade de fornecer um escape para eles, sem fazer perguntas no momento (ou fazendo poucas). O objetivo é simplesmente ajudá-los a sair do cenário de insegurança. Pode ser tentador fazer muitas perguntas, questioná-los sobre por que estão onde estão ou com quem estão e como chegaram lá, mas tente adiar essas perguntas, ou seus filhos evitarão ligar para você em meio ao perigo. Evidentemente, sempre retornaremos à situação e processaremos tudo com eles. É necessário conversar sobre o evento mais tarde, mas, no momento, quero garantir a segurança deles e dar-lhes maneiras de sair de uma situação assustadora ou perigosa.

HABILIDADES DE SEGURANÇA EM PÚBLICO PARA MAIOR INDEPENDÊNCIA

Não muito tempo atrás, nossa filha em idade universitária estava no intervalo do trabalho em uma creche local. Ela decidiu dirigir até uma cafeteria próxima e permanecer em seu carro para relaxar e ficar algum tempo longe do trabalho. Depois de cerca de 20 minutos, ela decidiu que era hora de ir. Ligou o motor e lentamente começou a sair de sua vaga. Foi então que ela viu um senhor mais velho se aproximando de seu carro.

Ela estava subindo o vidro da janela quando fez uma pausa, sem saber se talvez estivesse com um pneu furado ou se havia algo errado com o carro. Quando ele se aproximou da janela, jogou algo no colo dela, encarou-a e disse: "Estou observando você há um tempo. Você tem lindos olhos". Ele então se virou e se afastou enquanto ela fechava a janela. Quando ela olhou para baixo, viu que ele havia jogado uma nota de 50 dólares no colo dela. Apenas ao voltar ao trabalho e pensar um pouco mais sobre isso foi que ela sentiu o desconforto e o perigo potencial da situação. Ela estava em plena luz do dia, num dia ensolarado e um clima agradável em uma parte movimentada da cidade. Não havia razão alguma para uma garota de 19 anos se preocupar com sua segurança. No entanto, essa interação muito desconfortável e inadequada aconteceu, e ela foi pega desprevenida. Trata-se de uma jovem cujos pais conversaram repetidamente com ela sobre segurança, ser cautelosa e avaliar o comportamento das pessoas. E aí está um bom exemplo de uma situação que se desenrolou em menos de um minuto ou dois, pegou-a desprevenida e a abalou depois que ela teve tempo de processar os fatos.

É um excelente exemplo de como podemos ensinar nossos jovens a fazer tudo certo, e ainda assim eles precisarão saber como responder a pessoas perigosas que fazem coisas impróprias ou perigosas. Nunca saberemos ao certo se ela estava realmente em perigo, mas o que sabemos é que alguém se aproximou dela sem permissão, fez comentários e avanços indesejados e a deixou abalada.

Depois de perceber o que ele fez, eu recomendaria que ela parasse o carro e ligasse para a emergência imediatamente, pedindo a um policial para aparecer. Não há garantia do que teria ocorrido, mas o que sabemos é que um oficial teria dado a esse homem uma boa conversa, e certamente isso passaria a mensagem de que ela não se agradava nem toleraria o que ele fez. Talvez ela pudesse até ter entrado na cafeteria e informado alguém sobre o que havia acontecido, para também ficarem de olho nesse homem. Independentemente disso, tornou-se um ótimo momento de ensino e uma oportunidade para processar o que ela fez bem, o que poderia fazer de diferente no futuro e como pensar em situações inesperadas como essa.

Talvez um dos cenários mais difíceis com o qual você pode ajudar seu filho a lidar seja quando alguém se aproxima dele. Pode ser um vendedor, uma mulher mais velha ou um senhor pedindo informações, ou pode ser alguém com a intenção sinistra de testar o ambiente para ver quão aberto ou ingênuo seu adolescente será.

Quando seus adolescentes são abordados por pessoas a quem talvez não conheçam, considere a postura que você deseja que eles tenham. Uma forma de tratar disso é incentivá-los a estarem alerta e considerarem por que a pessoa está se aproximando deles. É prudente ser cauteloso.

Quero que eles considerem onde estão e pensem sobre quais são os potenciais riscos. Por exemplo, se eles estiverem sozinhos à noite a caminho do carro, o que queremos é que estejam mais cautelosos e alerta. Se alguém se aproximasse deles, eu poderia incentivá-los a dizer à pessoa para não se aproximar mais e falar com eles do outro lado do carro. Porém, se meu filho adolescente estiver em um parque de diversões lotado e seus amigos estiverem com ele, poderá parar e ouvir o que a pessoa tem a dizer e, em seguida, avaliar o comportamento.

A segurança em público é importante para adolescentes e jovens, independentemente da idade. Se ele estivesse em uma trilha, o que faria se deparasse com problemas ou precisasse de ajuda? Se o carro dele sofrer uma pane, o que você o encorajaria a fazer? Haveria alguma diferença se o carro parasse à noite ou em plena luz do dia, em uma área comercial congestionada ou em uma rodovia isolada?

E se alguém conhecido oferecer a seu filho adolescente uma carona para casa? Em que casos você gostaria que ele aceitasse ou recusasse a viagem?

Coisas que parecem inocentes e indiferentes podem testar se seu filho é capaz de ser manipulado. Um jovem que recebe regularmente as habilidades para avaliar e prestar atenção notará isso muito mais cedo e responderá antes que os riscos fiquem muito altos.

Como você pode ver, tudo isso requer conversas constantes. As habilidades de avaliação e discernimento não se adaptam facilmente de uma situação para outra sem muita prática, sem muitas perguntas do tipo "e se" e sem preparar seus filhos para testar, avaliar e notar as coisas. Quanto mais fizerem isso, mais se tornará algo tão natural quanto respirar. Eles não ficarão ansiosos, porque responder com sabedoria se tornará instintivo.

Por exemplo, um adolescente que vai às compras ou passa um tempo no parque local pode estar muito relaxado e curtindo seu tempo com os colegas. Um adolescente habilidoso também estará atento aos seus arredores. Ele observa quem está no parque e se alguém está se aproximando de forma ameaçadora. O grupo de rapazes na quadra de basquete está se divertindo e curtindo, ou eles estão distribuindo drogas e agindo de forma suspeita?

Suas filhas adolescentes podem fazer compras juntas no shopping e sentar em uma praça de alimentação, divertindo-se e rindo. Mas elas também podem examinar o ambiente e estar cientes do adorável casal mais velho a duas mesas de distância e notar três homens que estão constantemente olhando para elas enquanto comem. Suas filhas não estão com medo; elas estão em um lugar público, mas também olham em volta para perceber se há seguranças ou outros adultos a quem possam recorrer caso esses homens as deixem desconfortáveis.

Essas são habilidades que todo adolescente pode exercer naturalmente e que não os farão viver em constante estado de preocupação. Em vez disso, eles serão mais perceptivos e conscientes. Isso os deixa confiantes de poder lidar com coisas difíceis e saber o que fazer se estiverem sozinhos.

Use exemplos de histórias reais que você conhece ou viu no noticiário. Isso demonstra aos seus filhos adolescentes que esses são problemas da vida real e que você não é simplesmente um pai paranoico enxergando perigo onde não existe. Conversar sobre essas coisas com seus filhos ajuda-os a pensar sobre o que fariam e como escolheriam responder, e ajuda você a direcionar a conversa para lhes dar ideias e soluções, caso isso lhes sobrevenha.

Quando estiverem sozinhos ou viajando

A maioria dos adolescentes adoram independência, especialmente quando começam a dirigir. Muitos de nós podemos nos lembrar da primeira vez que fomos dirigindo para o shopping, para fazer uma tarefa ou passar um tempo com um amigo. Independência e sair por conta própria serão parte natural do crescimento de nossos adolescentes. Queremos prepará-los para fazê-lo com segurança.

Outra marca de independência é deixar seu filho adolescente sozinho durante a noite, o dia ou um fim de semana. Vocês discutem o que ele pode e não pode fazer? Além de não incendiar a casa ou dar uma festa louca, que outra orientação você oferece? Você pode orientá-lo a manter as portas trancadas, mas pense em outras dicas óbvias de segurança nas quais seus adolescentes podem nem sequer pensar. Com que frequência os filhos estão online enquanto seus pais estão fora e casualmente dizem a alguém que estão sozinhos em casa? Talvez sua filha esteja nas redes sociais e anuncie: "Oba! Sozinha em casa esta noite!".

Seja por causa de um amigo que começa a pressioná-lo para ir até lá e depois saírem escondidos, seja por causa de um observador online com intenções escusas, seu filho adolescente anunciou que está sozinho e sem supervisão por várias horas; então, você deve se preocupar. Muitos adolescentes sucumbem à pressão de convidar alguém quando seus pais estão fora. Às vezes, eles estão cientes de estarem permitindo possíveis danos; às vezes, estão completamente alheios ao perigo que acabaram de possibilitar.

Esse tipo de conversa ajuda seu filho adolescente a saber que sua intenção não é apenas impedi-lo de se divertir, mas mantê-lo seguro. Aproveite ao máximo as notícias e outros relatos reais sobre adolescentes que se colocaram em perigo quando seus pais estavam fora e tudo terminou em tragédia.

É fundamental que você discuta com todos os seus filhos sobre o que fazer se eles estiverem sozinhos em casa e várias situações se desenrolarem: um incêndio começa, um estranho bate à porta, um vizinho ou amigo aparece, um ladrão tenta entrar, um profissional aparece dizendo que tem uma visita agendada e precisa ter acesso à casa etc. Ajude-os a pensar no que podem e devem fazer em cada situação. Costumamos dizer aos nossos filhos que, se eles estiverem sozinhos em casa e alguém aparecer dizendo ter uma visita agendada, nossos filhos sempre têm permissão para recusar seu acesso — ainda que seja verdade e haja um agendamento. Se a culpa for nossa por esquecer, não prepará-los ou mudar o compromisso, nunca ficaremos bravos com eles por nosso erro. Queremos que eles tenham a capacidade de dizer "não", ignorar um telefonema ou campainha e valorizar a segurança em primeiro lugar.

Ajude seus filhos a valorizarem mais a segurança do que as boas maneiras. Eu ficaria incomodada se meus filhos parecessem rudes, mas, quando se trata de segurança, prefiro que minha filha seja vista como rude, quando um homem está se aproximando dela, a ser vista como um alvo fácil. Isto se aplica a todos os meus filhos, homens ou mulheres: eu quero que eles estejam seguros, conquanto isso signifique parecerem temporariamente rudes com alguém que está tentando ajudá-los.

Incentive seu filho adolescente a ficar alerta quando estiver sozinho. Quando sozinho em público, é preciso cuidado caso alguém se aproxime dele. Pode haver uma boa razão para isso, mas não hesite em tomar uma postura cautelosa. Isso significa manter uma distância saudável, pedir que a pessoa dê um passo para trás, deixar uma janela fechada ou apenas uma fresta quando alguém se aproxima do seu carro, bem como garantir que você esteja na frente de um garçom, funcionário da loja ou outra pessoa que possa ajudar, se necessário.

Ao ser abordado por alguém, está tudo bem e muitas vezes é sábio dizer "não" ou pedir à pessoa que pare onde está. É sempre melhor ser direto e claro. Dizer "Não se aproxime" não é ser rude; é uma precaução de segurança. A pessoa pode dizer: "Meu Deus, eu só estava tentando avisar que você está com um pneu furado". Ela pode se afastar zangada ou dizer certas palavras, mas uma pessoa sem más intenções fará exatamente isso — se afastar. Uma pessoa com más intenções pode continuar tentando obter acesso, e seu medo de ofender será uma ferramenta que ela usará para prejudicá-lo.

Ser cauteloso não significa ter medo. É ajudar os jovens a estarem mais conscientes de seu entorno. A encenação ajuda em todos os estágios de desenvolvimento, porque surgem novas possibilidades que eles não encontraram antes. Dar-lhes um cenário para pensar e falar a respeito antes de se verem em uma situação tensa lhes dá uma ideia de como proceder.

Você pode praticar isso facilmente enquanto ensina aos seus filhos coisas novas, como dirigir. Certifique-se de conversar sobre o que fazer se for parado. O que sua filha deve fazer se for parada por um policial não identificado ou tarde da noite? Para quem ela deveria ligar ou avisar? Ela pode dirigir para uma área bem iluminada primeiro? O que seu filho adolescente deve fazer se estiver no carro e alguém se aproximar da janela e pedir que ele abaixe o vidro para falar? E se eles virem alguém com problemas tarde da noite e sentirem que devem encostar para ajudar? O que você aconselharia? Eles devem sair do carro, ligar para alguém ou esperar que um policial chegue?

Mais sugestões práticas para a segurança em público

- Preste atenção. É aconselhável manter-se alerta e evitar olhar para baixo, ouvir música ou parecer distraído. Se alguém pretende prejudicar, roubar ou fazer algo mais desonesto, é mais atrativo se aproximar e se aproveitar de uma pessoa distraída. Ensine seus filhos a permanecerem atentos a seus arredores.
- Mantenha-se visível. Em locais públicos e quando estiver sozinho num parque, fique em lugares onde outras pessoas passem a pé ou de carro. Se você não pode ver os outros, eles provavelmente não poderão vê-lo caso precise de ajuda.
- Informe aos outros onde você está e faça contatos regulares. Se o seu filho adolescente se perder, passar mal no carro ou estiver em perigo, quanto mais pessoas souberem sobre sua última localização conhecida, mais rapidamente a ajuda chegará quando necessária. Ninguém sai pressupondo que ficará enguiçado ou em perigo, mas certamente agradecerá por ter pessoas que saibam sua localização quando precisar de ajuda. Pode ser uma simples mensagem, um aplicativo ou outra maneira de ajudar seu filho a se sentir independente e, ao mesmo tempo, seguro.
- Incentive-o a ir a lugares durante o dia, quando possível.
- Ao usar o transporte público, considere ao lado de quem sentar-se e por quê. Você se sente mais seguro ao lado de uma mulher, uma família ou alguém mais velho? Você se senta perto de um funcionário ou da porta? Por quê? Evite compartimentos e locais onde você esteja sozinho ou isolado.
- Não mantenha seus objetos de valor à vista dos outros. Seja em um carro, em um transporte público ou em um parque, deixar eletrônicos, carteiras ou outros objetos de valor à mostra atrai a atenção indesejada daqueles que estão procurando roubá-lo.

- Em locais públicos, áreas congestionadas ou quando sozinhas, incentive as meninas a carregarem suas bolsas junto delas ou manter objetos de valor (como dinheiro, cartões de crédito, telefone etc.) em lugares separados. Caso sejam assaltadas ou roubadas, elas não perderão tudo. Esconda objetos de valor em seu carro ou porta-malas onde outras pessoas não possam vê-los.
- Pense em planos de viagem e acomodações. Quando os jovens estiverem viajando durante a noite, visitando uma faculdade ou em uma viagem com a turma, ajude-os a pensar nas áreas a serem evitadas (como restaurantes ou bares sombrios, ruas sem iluminação e atalhos) e nas melhores maneiras de viajar (boas estradas, ajuda de fácil acesso etc.).
- Evite dizer a estranhos, e talvez até a conhecidos, que você está sozinho. Seja devagar e cauteloso em confiar nas pessoas que acabou de conhecer.
- Esteja preparado, confiante e divirta-se. Ter atenção, ter um plano e estar alerta aumentam a confiança. Esteja disposto a experimentar coisas novas e planeje sempre com antecedência.

Capítulo 23:
QUESTÕES DE SEGURANÇA PARA JOVENS ADULTOS: NAMORO ONLINE, CONSENTIMENTO E VIDA NA FACULDADE

O qual nós anunciamos, advertindo a todo homem e ensinando a todo homem em toda a sabedoria, a fim de que apresentemos todo homem perfeito em Cristo. (Cl 1.28)

Seu filho ou filha entrou na idade adulta e você pode parar de se preocupar... certo? Você pode (e deve) parar de se preocupar, mas não deve parar de educá-lo. Queremos que nossos jovens estejam sempre amadurecendo e crescendo em sabedoria. Quando seu filho atinge a idade adulta, ele se sente bastante independente e competente. É provável que se sinta até um pouco invencível. No entanto, a realidade é que agora ele deve aprender a agir e responder como um adulto. No entanto, como podemos esperar que faça isso sem ter a experiência de um adulto? Continuamos a discipulá-lo em discernimento e sabedoria, ao mesmo tempo que o ajudamos a aplicá-los às novas circunstâncias da vida. Queremos sempre encorajá-lo a saber que, se lhe faltarem sabedoria ou entendimento, Deus proverá (Tg 1.5). Vamos continuar analisando algumas situações comuns.

NAMORO E CONSENTIMENTO

Falar com seu filho jovem sobre namoro depois do ensino médio pode ser complicado. Se você não cultivou uma conexão relacional, a maioria dos jovens adultos sente que está desbravando a vida diária por conta própria. Nesta fase, o namoro online é a avenida que muitos jovens buscam para conhecer outras pessoas. Aqui é muito importante ainda ter influência. Você está ensinando seu jovem adulto a lidar tanto com o que e como deve ser o namoro, quanto com conhecer com segurança alguém na internet.

Cíntia era uma universitária que passava grande parte do tempo trabalhando e estudando, com pouca vida social. Depois de muita persuasão de sua colega de quarto, ela entrou em um aplicativo de namoro. Isso lhe deu flexibilidade e uma sensação de segurança para conhecer alguém à distância. Sua rotina era chegar em casa tarde após o trabalho, entrar no aplicativo e responder às conexões que ela tivesse feito naquele dia no aplicativo de namoro.

Isaque era um deles. Estava numa faculdade em outro estado, no segundo ano de química. Ele falou sobre trilhas, seu gato de estimação, tinha várias fotos de si mesmo praticando esqui aquático, saindo com amigos e até mesmo algumas fotos com sua mãe. Ele listou que ia à igreja regularmente, estava estudando para se tornar um químico e queria conhecer uma garota legal. Visto de fora, tudo parecia perfeitamente normal, e logo eles estavam conversando bastante.

Cíntia aos poucos acostumou-se com Isaque, baixou a guarda e começou a compartilhar mais informações pessoais: onde ela estudava, o que estava estudando, seu endereço, seu número de telefone e data de nascimento, e eles começaram a falar sobre um encontro presencial. Em algumas semanas, marcaram um encontro em um restaurante local que ficava no meio do caminho entre os dois. Cada um deles dirigiu uma hora para se encontrar no lugar que Isaque escolheu, dizendo que tinha boas críticas e estava bem dentro das preferências alimentares dela.

Cíntia estava animada para conhecê-lo e disse à sua colega de quarto como era empolgante conhecer alguém que parecia tão normal. Informou à colega de quarto o restaurante onde estaria e quando deveria estar de volta. Quando chegou para encontrar Isaque, eles tiveram um jantar adorável e a conversa pareceu ir bem no início. No entanto, à medida que a refeição avançava, ela começou a ter algumas reservas. Algo parecia um pouco "estranho", talvez porque ele estivesse se aproximando mais do que ela gostaria. Ele estava pegando a mão dela, comentando sobre sua aparência com frequência e fazendo comentários provocantes.

Ela o pegou olhando para ela de cima a baixo em várias ocasiões. Ele também fez perguntas de sondagem que ela não conseguiu definir bem sobre seus relacionamentos passados e experiências de namoro. Talvez fosse a rapidez com que ele passou a falar de forma pessoal ou falou sobre a natureza física de seus relacionamentos anteriores. A certa altura, ela pediu licença para ir ao banheiro, a fim de fazer uma ligação rápida para sua colega de quarto. Ela estava se sentindo um pouco desconfortável e precisava de ajuda para inventar uma desculpa para terminar o encontro antes do planejado.

Ela voltou para a mesa, terminou a refeição e deu uma desculpa para ter de voltar para o dormitório antes do esperado. Ela recusou educadamente quando ele a convidou para dar uma volta. Quando Cíntia tentou se levantar, de repente se sentiu tonta e com as pernas fracas; mal conseguiu chegar à porta e então percebeu que talvez tivesse sido drogada. Essa é a última coisa da qual Cíntia se lembra. Ela foi encontrada várias horas depois sentada à beira da estrada. Havia sido agredida sexualmente por Isaque e deixada ali. Cíntia não tinha ideia de onde estava, nem de onde ficava o restaurante ou onde estava seu carro, e não estava com o telefone ou a bolsa.

DICAS DE SEGURANÇA PARA CONHECER ALGUÉM

As mulheres jovens são mais vulneráveis a agressões sexuais do que qualquer outro grupo. A maioria das mulheres jovens sabem pesquisar no Google a pessoa em quem estão interessadas, mas não têm a percepção ou a sabedoria para saber quais perguntas fazer e como estabelecer com segurança uma maneira de conhecer alguém.

Em um site de namoro, uma pessoa pode se apresentar como quiser. Ela se apresentará como encantadora, inofensiva e de pés no chão. Ele ou ela se apresentará de maneiras que serão atraentes e interessantes para uma pessoa vulnerável, homem ou mulher. Sem dúvida há mulheres que se aproveitam de homens desavisados e meninas que usarão homens por dinheiro, fama ou sexo. No entanto, na maioria das vezes, as mulheres jovens são as mais vulneráveis. Independentemente disso, seja seu filho ou sua filha, ajude-os a ter em mente que todos se apresentam em sua melhor versão, e eles devem ter cuidado com a rapidez com que confiam em alguém na internet.

Fale sobre quanto tempo eles devem esperar antes de se encontrarem pessoalmente. Que informações importantes devem saber e como confirmar os fatos para saber o que é verdade? Mesmo alguém que você investigou no Google e que se apresenta bem pode dar uma falsa sensação de segurança. Esteja ciente de que *se apresentar* como transparente e confiável não é o mesmo que *ser* transparente e confiável. A confiança deve ser conquistada e construída; você só pode fazer isso observando e notando repetidamente o comportamento do outro em diversos contextos. Observar a pessoa relacionando-se com várias outras em cenários variados também é útil.

Procure formas seguras para definir como conhecer alguém novo. Conhecer alguém em um contexto de grupo é benéfico por vários motivos. Não estar sozinho confere uma segurança natural. É mais difícil se aproveitarem de você quando outras pessoas estão por perto. Isso também permite que um amigo observe e perceba coisas que você pode não notar ou não estava presente para ver. Ter bons amigos por perto permite que eles avaliem e manifestem o que pensam. Preste atenção ao que seus amigos e familiares notam. Eles podem nem sempre ser precisos, mas estão pensando no melhor para você. Um amigo protetor estará à procura de sinais de alerta que você pode ficar tentado a ignorar. Tenha pessoas em quem você confia e valorize aquelas que são boas em avaliar os outros.

Tenha encontros em locais públicos, esteja disposto a levar um amigo ou colega com você e evite lugares privados. Desconfie de ir a lugares novos ou desconhecidos que você mesmo não pode verificar. Escolha um lugar público com o qual você esteja familiarizado. O bom disso é saber onde estão todos os banheiros locais e o que há por perto, caso precise de alguma ajuda em particular. Ficar perto do que é familiar criará uma zona de conforto para você e deixará a outra pessoa mais cautelosa.

Encontrar-se em um lugar público também protege você de convidar alguém para o seu mundo pessoal antes de saber e confiar que isso é seguro. Não se apresse em convidá-lo para onde você mora ou compartilhar suas rotinas e horários diários. Isso o protegerá contra alguém que tente perseguir você, aparecendo sem aviso prévio, ou que saiba seu paradeiro o tempo todo.

Um rapaz ou uma garota que tem acesso a todas as rotinas e horários de seu filho ou filha pode facilmente rastreá-los e espioná-los sem seu conhecimento. Talvez eles estejam apenas inocentemente curiosos e animados com o relacionamento, ou talvez tenham as características de uma namorada ou namorado controlador. Independentemente disso, é mais difícil desfazer as informações fornecidas do que retê-las até que a confiança seja estabelecida. Incentive seu filho jovem a não ter nenhuma pressa para dar informações que não podem ser desditas. Muitos jovens experimentam perseguição, ameaças ou importunações, e suas vidas são perturbadas por um tempo porque não conseguiram se livrar de uma atenção indesejada.

Mais sugestões práticas para compartilhar com jovens adultos sobre namoro online

- Preste atenção quando as coisas parecerem suspeitas. Quando alguém não tem uma descrição, as contas das redes sociais não conferem ou o link não funciona, ou você não consegue encontrar no Google, é um sinal de alerta. Evite esse tipo de perfil.
- Procure maneiras de confirmar a identidade de uma pessoa. Vocês têm amigos em comum? Eles estão conectados com alguém que você conhece? Como você pode evitar golpes ou perfis falsos? Sempre bloqueie e relate qualquer coisa suspeita. Os exemplos podem ser: pedir ajuda financeira; buscar menores ou alguém que seja significativamente

- mais jovem; enviar mensagens ofensivas para você; tentar intimidar, ameaçar ou coagir você; tentar vender produtos ou serviços; ou pressioná-lo a se envolver em uma empresa iniciante.
- Procure inconsistências na pessoa, seja em histórias que ela conta, em perguntas sobre seu emprego ou relacionamentos anteriores, informações sobre sua família ou o que ela faz da vida, e nos pedidos que ela faz para obter suas informações pessoais.
- Não se apresse em compartilhar informações pessoais. Especialmente no início, antes de se encontrarem, tenha muito cuidado para evitar informações pessoais, como endereço comercial ou residencial, sua agenda e onde você estará durante o dia, ou nomes de usuário e senhas.
- Ao se encontrarem pessoalmente, é sempre útil primeiro ter várias conversas e bate-papos por vídeo. Encontrem-se em um local público onde haja muitas pessoas ao redor e onde seria fácil pedir ajuda. Sempre informe um amigo ou familiar para onde você está indo e não dependa da outra pessoa para o transporte.
- Algumas mulheres pedem ao atendente que as ajude a vigiar sua bebida, antes de a outra pessoa chegar. Quando estão em um encontro, é possível desviar a atenção de sua comida ou bebida, especialmente se você se afastar da mesa, mesmo que por um momento.
- Sempre se atenha ao que deixa você mais confortável e preste atenção às coisas que parecem "estranhas" ou "desconfortáveis". Esteja disposto a sair de uma situação, conquanto ache que será embaraçoso ou rude. Sua segurança sempre vale um pouco de vergonha. Então, mais tarde, você pode analisar tudo com um amigo de confiança ou familiar.
- Procure oportunidades de observar o comportamento de seu pretendente com outras pessoas: um colega de quarto ou familiar, como ele fala sobre colegas etc. Isso revela muito sobre o caráter da pessoa e sobre como ela tratará você.

VIDA NA FACULDADE

Muitos jovens adultos estão ansiosos para morar numa república ou em outra cidade enquanto fazem faculdade. Essa é uma ótima experiência para eles, quer decidam ir para uma universidade no interior, quer para uma universidade em grandes capitais. Como você os ajuda a pensar em habilidades de segurança e questões de sabedoria para o ambiente onde viverão? Muitos jovens têm uma noção equivocada de que, se estiverem numa república, estarão muito mais protegidos e seguros. Isso significa que pode haver uma falsa sensação de segurança que os leva a deixar as portas do carro destrancadas, suas mochilas e eletrônicos expostos ou seu quarto destrancado. Contudo, muitos crimes, seja roubo, agressão ou crimes de oportunidade, ocorrem nas repúblicas e em *campi* universitários. Mesmo quando seu filho jovem vai morar sozinho, seja em um alojamento ou apartamento, continue ensinando a importância de sempre praticar boas medidas de segurança.

Algumas coisas a considerar

O ambiente (alojamento, república, apartamento etc.) oferece segurança? Como é o local? Os jardins são bem iluminados à noite? Onde aconselharia seu filho a estacionar para manter o seu carro menos vulnerável a arrombamentos e para ter segurança ao se deslocar à noite?

Da mesma forma, escolher um colega de quarto ou de apartamento com sabedoria pode melhorar ou prejudicar uma experiência universitária. É essencial estabelecer limites com quem você mora, incluindo quem pode ou não entrar em seu espaço de convivência, seja de dia ou de noite.

Adotar a prática de ter sempre alguém ciente de onde você está é sempre uma maneira útil de garantir que será mais fácil encontrá-lo caso você se perca, se machuque ou seja ferido. Por exemplo, se sua filha fosse a um parque estadual e quebrasse o tornozelo na floresta, quando ela não voltasse para a república ou apartamento, suas colegas de quarto seriam capazes de dizer às autoridades onde procurar. Se o carro dela quebrar na beira da estrada e ela estiver sem telefone, alguém pode rastrear seus últimos passos. Sempre será mais fácil resgatar uma pessoa que informou alguém sobre seu paradeiro.

Digamos que seu filho está viajando sozinho e ninguém tem notícias dele por mais de 24 horas. Ter informações sobre o último paradeiro conhecido do seu filho sempre ajuda a polícia e os serviços de emergência a rastreá-lo mais rápido. Faça com que seu filho jovem tenha o hábito de fazer contato rotineiramente e avisar às pessoas para onde vai. Assegure-o de que isso não tem nada a ver com você espioná-lo, mas que você valoriza a segurança dele. Saber seu paradeiro cria passos facilmente rastreáveis caso algo lhe aconteça.

Incentivar seu filho adulto a tomar medidas apropriadas e sábias para se manter seguro é sempre um tempo bem empregado. Gastar seu tempo se preocupando se ele fará tudo o que puder para se manter seguro não é tempo bem empregado. À medida que nossos filhos crescem em independência, também deve crescer nossa fé de que o Senhor estará observando-os, guiando-os e guardando-os. É natural se preocupar com o que é mais precioso para você — e nossos filhos são muito preciosos —, mas considere novamente o conselho de Jesus de que você e seus filhos são mais valiosos do que os pássaros cuidados por Deus, e ele cuidará de você e daqueles a quem você ama.

Capítulo 24
DEUS – NOSSO REFÚGIO, FORTALEZA E SOCORRO BEM PRESENTE NA TRIBULAÇÃO

> *Deus é o nosso refúgio e fortaleza, socorro bem presente nas tribulações. Portanto, não temeremos ainda que a terra se transtorne e os montes se abalem no seio dos mares; ainda que as águas tumultuem e espumejem e na sua fúria os montes se estremeçam. Há um rio, cujas correntes alegram a cidade de Deus, o santuário das moradas do Altíssimo. Deus está no meio dela; jamais será abalada; Deus a ajudará desde antemanhã. (Sl 46.1-5)*

Minha esperança é que a leitura deste livro tenha dado a você princípios bíblicos e diretrizes práticas que o ajudarão a proteger seu filho contra o perigo. É importante lembrar que, embora todos nós desejássemos acreditar que podemos manter nossos filhos completamente seguros, essa não é a nossa garantia. Nossos filhos são moralmente responsáveis e enfrentarão muitas das coisas mencionadas neste livro; eles terão de fazer escolhas para discernir o que é sábio e fazer o que é certo e bom. O que você fará se descobrir que seu filho foi vitimado por algo, ou foi quem vitimou outra pessoa? O que você fará quando seu filho ceder à tentação, à pressão dos colegas ou tomar decisões tolas e arriscadas?

Como pai ou mãe, você provavelmente experimentará uma série de emoções: surpresa, devastação, tristeza, raiva, talvez até desamparo e desespero. Você pode sentir uma vergonha que o impulsione a julgar ou condenar seu filho. Quando as ações de seu filho tiverem repercussões devastadoras para ele, para você ou para a família, você enfrentará uma enxurrada de emoções e reações conflitantes. Esteja ciente do impacto que elas têm sobre você. Você pode ser tentado a perder a esperança ou desistir. Talvez queira abandonar seu filho ou afastá-lo de você e do resto de sua família. Talvez você seja tomado pela ansiedade ou medo do futuro.

A verdade é que, em algum momento, é provável que você experimente o desgosto e o desânimo resultantes de amar seus filhos em meio às tentações, lutas, escolhas e sofrimentos deles. Nem sempre temos escolha sobre o que enfrentaremos ao lado de nossos filhos, mas podemos pedir a Deus a ajuda necessária para responder com fé e amor. Não podemos saber tudo o que está diante de nós e de nossos filhos, mas podemos saber quem vai conosco. Nosso refúgio deve estar sempre na presença de Deus durante os tempos difíceis. Deus não garante que não enfrentaremos tribulações, mas promete ser nosso refúgio e fortaleza em meio a elas.

Podemos sofrer, lamentar e lutar com o peso das consequências, mas fazemos isso com a fé de que Deus está conosco em nossa luta. Ele não abandonou nossos filhos, tampouco a nós. Ele é especialista em tirar beleza das cinzas e é capaz de fazer o bem mesmo nas situações mais difíceis (Is 61.3).

Quando você for tentado a se desesperar por causa das lutas e escolhas de seu filho, volte-se para a Palavra de Deus e deixe-o interpretar seu futuro e o futuro de seu filho para você. O apóstolo Paulo, em meio a profundas tribulações, afirmou isto a seus companheiros cristãos:

> Sabemos que todas as coisas cooperam para o bem daqueles que amam a Deus, daqueles que são chamados segundo o seu propósito. [...] Que

diremos, pois, à vista destas coisas? Se Deus é por nós, quem será contra nós? Aquele que não poupou o seu próprio Filho, antes, por todos nós o entregou, porventura, não nos dará graciosamente com ele todas as coisas? Quem intentará acusação contra os eleitos de Deus? É Deus quem os justifica. Quem os condenará? É Cristo Jesus quem morreu ou, antes, quem ressuscitou, o qual está à direita de Deus e também intercede por nós. Quem nos separará do amor de Cristo? Será tribulação, ou angústia, ou perseguição, ou fome, ou nudez, ou perigo, ou espada? (Rm 8.28, 31-35)

PEÇA AJUDA AO ESPÍRITO

É tentador esquecer de recorrer ao Senhor nas tribulações, ou, quando recorremos, exigir dele alívio imediato das consequências para nossa família. Mas Deus quer que nos voltemos para ele com fé — derramando nosso coração a respeito de nossos problemas e fazendo orações impossíveis. Podemos orar para que o Espírito de Deus faça o que não podemos — dar o dom da fé aos nossos filhos e a nós. Você pode ter certeza de que, mesmo quando não sabe o que ou como orar — quando tudo o que consegue fazer é gemer —, o Espírito do Deus vivo está dentro de você e intercederá por você (Rm 8.26-27). Quando temos dificuldade em saber do que nosso filho precisa ou como responder com sabedoria, o Espírito está pronto para interceder por nós.

Deus nos deu seu Espírito como um auxiliador para nos preparar, e, quando pedimos, o Espírito Santo nos dá discernimento e orientação em momentos difíceis. É o Espírito de Deus que abre nossos olhos para perceber o que está acontecendo diante de nós; é ele quem dá direção. Você já sentiu um toque sutil que lhe fez parar ou verificar algo que seu filho estava fazendo? Chamamos isso de muitas coisas: um sexto sentido, intuição de mãe, instinto, ou percepção e discernimento. Mas também sabemos que o Espírito de Deus está ativo e presente em todos os momentos. Quando temos dificuldade para saber o que fazer ou precisamos de discernimento e orientação, Deus já nos deu seu Espírito, o qual generosamente trabalha em nosso favor.

AGARRE-SE À ESPERANÇA

A esperança divina é a certeza da fidelidade de Deus, apesar do que estamos passando. É a certeza de que, não importa o que nossos filhos enfrentem, Deus está fazendo algo bom na vida deles. Nosso Deus está familiarizado com o sofrimento e com a tristeza (Is 53.3). Mas a tristeza da cruz foi apagada na manhã de Páscoa. Como nosso Deus sofreu e morreu por nós, sabemos que ele entende e se compadece com nosso sofrimento. Sabemos que ele perdoa nossos muitos pecados. Sabemos que nossos filhos sempre podem se voltar para Deus e receber perdão e ajuda em seu momento de necessidade. A ressurreição é nossa garantia de que nossa esperança não será desapontada.

Podemos recorrer ao Senhor com a confiança de que ele ama nossa família e valoriza nossos filhos. O sofrimento não é um sinal de que Deus abandonou a nós e a nossos filhos; antes, é um sinal de estarmos participando dos sofrimentos de Cristo (Rm 8.7). Se compartilhamos de seus sofrimentos, sabemos que enfrentaremos dificuldades. Mas nosso sofrimento produzirá caráter, perseverança e esperança que não decepcionará, porque se fundamenta no grande amor de Deus por nós e nossos filhos (Rm 5.1-5).

AME COM SABEDORIA

Quando seu filho estiver com dificuldades, peça ao Espírito a sabedoria para amar seu filho corretamente em seu problema atual. Priorize o bem-estar dele, ore e peça conselhos a outros sobre como andar sabiamente junto deles. Seu filho ou filha precisam de pais que possam deixar de lado sua tristeza e decepção e se envolver com a experiência deles de todo o coração. Filhos de todas as idades precisam que seus pais respondam a eles com amor sacrificial, acolhendo-os diante do pecado, do fracasso e da queda. Procure maneiras de construir pontes com eles, estendendo a graça sempre que possível e imitando a Cristo diante deles. Seu filho está observando e sendo impactado pelo que você escolhe fazer com as decisões que ele tomou.

Lembre-se de que é Deus quem redime. Essa perspectiva eterna lhe dá a capacidade de lembrar o que é verdadeiro e de perceber a diferença entre o que é momentâneo e o que é eterno. Ela molda o que fazemos com nossa mágoa e sofrimento e onde estará nossa confiança. Criar nossos filhos consistirá em uma infinidade de alegrias e também desgostos. Os lares cristãos não estão imunes às provações deste mundo. Dificuldades acontecem tanto com os crentes quanto com os incrédulos. No entanto, a promessa de Deus para nós é que ele será nosso refúgio quando o mundo desabar em torno de nossa família. A esperança piedosa nos posiciona no centro da vontade de Deus e nos lembra de que vivemos para algo melhor do que aquilo que é temporário. Ela nos dá uma visão de viver para o que é eterno, de forma que possamos confiar em Deus em meio aos sofrimentos de nossos filhos, bem como os nossos.

Comprometa-se a confiar em Deus em todos os momentos — especialmente nas circunstâncias mais desanimadoras. Você, afinal, sabe que Deus torna em bem aquilo que outros planejam para o mal (Gn 50.20). Acredite pela fé que aquele que começou uma boa obra será fiel para completá-la na vida de seu filho (Fp 1.6).

Abri este livro com o Salmo 4.8: "Em paz me deito e logo pego no sono, porque, Senhor, só tu me fazes repousar seguro". Para encerrar, quero lembrar você de repousar naquele que é sua fonte de segurança e a fonte de segurança de seu filho. Ele é seu refúgio e fortaleza e, aconteça o que acontecer, será seu refúgio e fortaleza. O Senhor será sua proteção e será a proteção de seus filhos.

FIEL
MINISTÉRIO

O Ministério Fiel visa apoiar a igreja de Deus, fornecendo conteúdo fiel às Escrituras através de conferências, cursos teológicos, literatura, Ministério Apoie um Pastor e conteúdo online gratuito.

Disponibilizamos em nosso site centenas de recursos, como vídeos de pregações e conferências, artigos, e-books, audiolivros, blog e muito mais. Lá também é possível assinar nosso informativo e se tornar parte da comunidade Fiel, recebendo acesso a esses e outros materiais, além de promoções exclusivas.

Visite nosso site

www.ministeriofiel.com.br